Religionspädagogische Praxis

1997/1

R 30568 F

Ich lebe mein Leben in wachsenden Ringen,
im Frühling, im Sommer, im Herbst und im Winter.

RELIGIONSPÄDAGOGISCHE PRAXIS
Handreichungen für eine elementare Religionspädagogik
22. Jahrgang, Heft I/1997
ISBN 3-86141-122-9

SCHRIFTLEITUNG:
Franz Kett, Irisstraße 4, 82194 Gröbenzell

REDAKTION:
Franz Kett, Sr. Esther Kaufmann, P. Meinulf Blechschmidt

STÄNDIGE MITARBEITER:
Sr. Charis Baur, Thomas Brunnhuber, Margot Eder, Sr. Dr. Theodora Fischer, Klaus Gräske, Sr. Imelda Huf, Monika Hirschauer, Roland Hirschauer, Christine Krammer, Walter Liehmann, Sr. Edigna Menhard, Monika Molnar, Hanna Neubauer, Erich Schenkel, Renate Schubert, Winfried Seipolt, Sr. Carmen Sillmann, Elisabeth Unkel, Pfarrer Lorenz Zettl

TITELBILD:
Friedrich Maier

GESCHÄFTSLEITUNG:
Alois Kindl

DRUCK: Druckerei Jugendwerk Birkeneck, 85399 Hallbergmoos

VERLAG UND VERTRIEB:
Religionspädagogische Arbeitshilfen GmbH, Gaußstraße 8, 84030 Landshut
Telefon (08 71) 7 32 37, Telefax (08 71) 7 39 96

Religionspädagogische Praxis erscheint 4mal im Jahr zum Quartalsende
Einzelheft und bereits erschienene Nummern DM 5,40 (sfr. 5,40; öS 42,–)
Jahresabonnement DM 18,– (sfr. 18,–, öS 140,–)
zuzüglich Versandkosten.

Befristete Bestellungen gelten als Einzelbestellung.

Zu den Arbeitsheften erscheinen ergänzend Bildermappen und Großposter im gleichen Verlag. Diese können ebenfalls abonniert werden.

Abbestellungen bitte spätestens 12 Wochen vor Ablauf des Kalenderjahres. Erfolgt keine Abbestellung, verlängert sich das Abonnement automatisch. Kündigung frühestens nach Ende des 1. Abonnementjahres möglich (schriftlich).

BESTELLUNGEN UND ALLE RECHTE:
Verlag religionspädagogische Arbeitshilfen GmbH
Gaußstraße 8 · 84030 Landshut · Telefon (08 71) 7 32 37, Telefax (08 71) 7 39 96

Inhaltsverzeichnis

EINFÜHRUNG IN DAS HEFT

Um unsere Innenwelt zu beschreiben, den Zustand unserer Seele, gebrauchen wir Dinge und Bilder der Außenwelt. So sagen wir von einem, der im ersten Stadium der Liebe entbrannt ist: Es brennt in seinem Herzen und raucht in seinem Hirn.
Wir reden davon, daß ein Mensch vor Freude strahlt, bzw. daß er dreinschaut finster wie die Nacht. Wir sprechen von versteinerten Mienen, von einem Herzen aus Stein. Wir können stürmisch, aufbrausend sein, überquellen vor Lebenslust und Lebendigkeit. Wir erleben Zeiten der Dürre, der Wüste in uns, des Ausgetrocknetseins. Wir kennen Menschen, die einem Fels gleich im Strom der Zeit stehen. Wir schlagen wie ein Baum Wurzeln und wachsen über uns hinaus dorthin, wo es weit und licht ist.
Damit sind wir schon beim Thema unseres Heftes, beim Baum als Zeichen für unser Wesen, unsere Existenz. Im Baum, seinen Wurzeln, seinem Stamm, seiner Krone, seinem Knospen und Blühen, seinem Fruchtbringen, seinen fallenden Blättern schauen wir Bilder für unser Leben. Indem wir das Wachstum des Baumes, seine Gestalt, seine Veränderung in den vier Jahreszeiten betrachten, lernen wir etwas von uns kennen, machen wir gute Selbsterfahrung, finden wir zu uns.
Die Einfälle zur Thematik dieses Heftes waren umfangreich. Wir mußten uns beschränken. Es wird diesem Heft im Herbst ein weiteres folgen, als Fortsetzung gleichsam und den Baum als religiöse Sinngestalt aufzeigend.
Altersmäßig ist unser Heft für den Elementar- und Grundschulbereich gedacht. Aus Erfahrung wissen wir, daß elementare Prozesse aber auch für die Altersstufe darüber hinaus und für Erwachsene interessant und bedeutsam sind. Oft bedarf es nur geringfügiger Veränderungen, Auslassungen oder Hinzufügungen, vor allem einer vertieften sprachlichen Reflexion, um sie diesen Altersstufen zu erschließen. Eine Übertragung nach oben ist leichter als Angebote an Erwachsene nach unten zu transformieren.
Die Konzeption des Heftes geht fast zur Gänze auf Frau Hanni Neubauer zurück. Sie hat in einer Zeit längerer Krankheit den Inhalt gestaltet. Ihr sei ausdrücklich für ihre wesentliche Arbeit gedankt. Unser Dank gilt ferner Herrn Thomas Brunnhuber für die wunderschöne Freundschaftsgeschichte: „Bäume im Nebel." Herr Fritz Maier hat das Titelbild gestaltet, Frau Monika Molnar die Zeichnungen und Ingrid und Volker Engel den Notensatz. Ihnen allen ein Dankeschön.

Wir wünschen Freude beim Lesen des Heftes und gute Erfahrungen in der Arbeit damit.

Die Herausgeber

BÄUME MEINES LEBENS – MEIN BAUMBILDERBUCH

Bäume – von Kindheit an weiß ich mich ihnen nahe. Wenn ich meine Augen schließe, reihen sie sich aneinander – Bäume meines Lebens.
Was wußte ich als Kind von ihrer Weisung – von den Parallelen zum Leben der Menschen – von Zeichen für Wachstums- und Reifungsprozesse oder Ähnlichkeiten in der Gestaltwerdung?
All das war nicht in meinem Bewußtsein. Doch was ich ahnungsweise verspürte: Mein Zusammentreffen mit Bäumen war Begegnung mit Lebendigem – in ihnen spürte ich etwas vom Geheimnis des Lebens.

Mein erstes Erinnern an Bäume geht zurück in die Nachkriegszeit. Als ich vier, fünf Jahre alt war und die Not groß ins Haus stand, nahm mich meine Mutter öfters an der Hand. Wir gingen suchend die Wege und Alleen ab, ob nicht doch noch ein paar Äpfel, Birnen oder Bucheckern zu finden wären.
Die Landstraße hinauf standen Apfelbäume am Wegrand – Bäume, die uns etwas schenkten! Ich erinnere mich noch gut an die Freude, wenn ich im Gras oder Straßengraben einen Apfel fand. Groß waren sie nicht und oft angeschlagen und voller Würmer. Es gab damals noch keinen Kunstdünger, und wer sollte die Bäume in dieser Zeit auch pflegen? Doch sie gaben, was sie konnten. Glücklich war meine Mutter, wenn das kleine Leinensäckchen gefüllt war. Zuhause schnitt sie Scheiben, reihte sie auf einen Faden. So hingen sie zum Trocknen vor dem kleinen Dachkammerfenster. Im Winter waren das ungeahnte Köstlichkeiten.
Heute stehen diese Bäume nicht mehr – doch welche Entdeckerfreude für mich: Junge Apfelbäume wurden an gleicher Stelle gepflanzt. Ob da gute Menschen an ihre Kinder und Enkel dachten, die einmal den Segen der Bäume erfahren sollten?

In späteren Jahren war unsere Wohnung nahe einer Gärtnerei. Da – im großen Obstgarten meiner Kindheit, steht vor mir „mein Apfelbaum". Ihn erlebte ich nicht nur speisend, sondern auch als mütterlich bergend und freundschaftlich vertraut. Unter seinen Zweigen hatte ich meinen Platz – da breitete ich meine Decke aus zum Spiel. Ich wanderte mit seinem Schatten. Oft genug legte ich mich hinein in seine bergenden Arme. Besonders dann, wenn Mutters Ruf mich von einem spannenden Buch locken wollte, war er mein Vertrauter. Ich lebte mein kindliches Jahr mit ihm. Ich jauchzte auf mit seinen Blüten, sättigte mich mit seinen Gaben und gegenseitig fanden wir Trost im Schnee und der Kälte des Winters. Ob ich wohl damals schon in die Jahreszeiten meines Lebens eingeführt wurde?

Nicht weit von meinem Zuhause stand eine Kapelle, davor eine uralte Linde. Zwei Bänke an der Kapellenwand boten Schatten- und Ruheplatz für müde Wanderer. Oft saß meine Urtante dort unter den weit ausgebreiteten Ästen des alten Baumes. Ich war gerne bei ihr. Mir schien – der alte Baum, die alte Frau – sie hatten die gleiche Sprache. Die Weisheit des Alters, die Erfahrungen des Lebens sangen das gleiche Lied. Ich spürte den vertrauten Klang. Wenn ich daneben saß, fühlte ich mich hineingenommen in den unendlich reichen Erfahrungsschatz von zwei lebendigen Wesen.
Eines Tages ging die Rede im Dorf, die alte Linde muß gefällt werden. Ihre starken Wurzeln sprengen die Mauern der Kapelle. Ich kann mich noch gut an meinen Kinderprotest erinnern, an das Leid und die Wehmut meines Herzens. Waren doch in die Geschichte des Baumes viele Lebensgeschichten hineinverwoben – auch Spuren meines Lebens.

Jeder Baum, den ich erlebt habe, hat einen anderen Charakter, weckt eine andere Befindlichkeitsschicht in mir.

Mein Schulweg führte mich tagtäglich durch eine Kastanienallee. Welch andere Färbung hatten für mich diese Bäume! Ich erlebte sie als fröhliche Begleiter meiner Kindertage. Wenn die Blütenkerzen zu leuchten begannen, schwirrte es gewaltig im Geäst. Damals gab es noch Maikäfer in Mengen. Wir sammelten sie in kleine Schachteln, bohrten Luftlöcher, gaben ein paar grüne Blätter zum Überleben hinein.
Bei passender Gelegenheit war der Spaß groß, die Schachtel zu öffnen. Da brummten die Maikäfer im Klassenzimmer herum oder sie wurden bei der abendlichen Maiandacht in der Kirche freigelassen.
Die Freude vermehrte sich in den Herbsttagen, als die braunen Kastanien aus den Schalen sprangen. Säckeweise sammelten wir sie als Futter für die Waldtiere. Und natürlich nahmen wir die glänzenden Freuden mit nach Hause zum Basteln und Gestalten.

Zu den Bäumen meines Lebens gehören auch die weiten und lichten Buchenwälder auf den Anhöhen meiner Heimat. Schon als Kinder durchstreiften wir die hügeligen Waldrücken. Und auch heute liebe ich noch diese Buchen – ihren silbernen, glatten, doch starken Stamm, die lichtatmenden Äste mit den spitzen, fast stechenden Knospen. Unter dem noch modrigen Laub suchten wir als Kinder auf der Sonnenseite des Waldes die ersten Leberblümchen. Wir entdeckten, wie sich die Knospen der Bäume auftaten und die Blätter wie kleine Faltenröckchen hervorsprangen.
Heute wandere ich gerne auf den gleichen Schattenwegen bis in die goldenen Herbsttage hinein und dann durchs raschelnde Laub.

In meinem Baumbilderbuch dürfen aber die Bäume nicht fehlen, die so zahlreich an Gewässern wachsen – die Silberweiden am Ufer des Sees und die Weidenbäume in der Moorlandschaft.
Mit ihren silbergrauen Blättern und hängenden Zweigen wecken die einen in meinem Erinnern ein wenig Wehmut. Die anderen sind für mich neu aufbrechendes Leben. Ihre Sehnsucht nach Leben läßt sie am Wasser stehen. Da suchen nicht nur die Wurzeln den Lebensquell, auch die hängenden Zweige greifen hinein ins Wasser und wollen schöpfen. Heute denke ich dabei an Psalmworte. Da ist vom Gerechten die Rede, der wie ein Baum an Wasserbächen gepflanzt ist, zur rechten Zeit seine Frucht bringt und dessen Blätter nicht welken.
In jungen Jahren habe ich bei meinen Streifzügen am See und durchs Moor schon etwas erahnt von der Sehnsucht nach Leben und Lebensfreude, die auch in uns Menschen unersättlich sein darf.

Noch viele Baumbilder reihen sich in mir auf. Da ist der Birnbaum in Nachbars Garten, der uns seine Hutzelbirnen alljährlich fürs Früchtebrot schenkte. Da stehen die mächtigen Eichen vor mir, über hundert waren es, die im Garten eines Kindergartens standen, in dem ich lange Jahre arbeitete. Es tauchen Bäume auf, die ich bei meinen Reisen lieben lernte: Olivenbäume und Zypressen, Orangenhaine und Pinienwälder. Ich spüre, Reichtum und Geschenk sind sie alle. Doch hineingeprägt, verwurzelt in mich sind die Bäume meiner Kindertage. Es sind die schönsten und dichtesten Baumerfahrungen meines Lebens.

So frage ich mich, ob wohl das Kinderherz dem Geheimnis des Baumes und damit dem Geheimnis des Lebens am nächsten sein kann?
Das wäre doch ein guter Grund, unsere Kinder mit Herz und Sinn hineinzuführen in diese Lebensgeheimnisse!
Ich wünsche uns allen dieses Leben in wachsenden Ringen und jedes Jahr neu die reiche Erfahrung werdenden Lebens.
Mit einem altirischen Segensspruch möchte ich es sagen:

Ich wünsche dir
die zärtliche Ungeduld des Frühlings, das milde Wachstum des Sommers,
die stille Reife des Herbstes und die Weisheit des erhabenen Winters.

DER BAUM - SEINE WURZELN

EINFÜHRUNG

„Es geht an die Wurzeln..." so sagen wir, wenn wir einem Problem auf die Spur kommen, wenn wir den Grund suchen für Schwierigkeiten.
Wir ahnen, daß wir dabei nicht an der Oberfläche bleiben können. Ursprünge, Ursachen wollen da aufgedeckt werden. Es muß gesucht und gegraben werden bis hinunter zum Grund – zum Wurzelgrund – zum Urgrund.
Wir wissen, Wurzeln stecken tief im Erdreich, in Lehm und Schmutz. Wurzeln stoßen auf Stein und Geröll – müssen sich einen Weg suchen hinunter in Abgründe – bis in die Tiefe des Lebensgrundes.
So spüren wir – wollen wir unsere Wurzeln erfassen, ergründen – müssen wir tief hinuntergraben, uns mit Dunkelheit, Feuchtigkeit, ja, mit Dreck befassen. Wir müssen unsere Hände schmutzig machen, das bleibt nicht aus.
Aber ganz unten – da, wo die Wurzelspitzen hineinreichen, ist der Lebensgrund. Da holen sich die Wurzeln ihre Kraft, suchen Halt. Durch diesen Urgrund werden die Wurzeln zu Lebensadern – saugen und pumpen diese Lebenskraft hoch hinauf durch Stamm und Geäst bis in die feinsten Baumspitzen. Hier kann sich Leben veräußern, entfalten. Hier drängt und treibt es ins Licht, kommt es zum Blühen und Wachsen, wird es reich und schön.
Doch ohne Dunkelheit kann nichts ans Licht kommen – ohne in der Tiefe zu graben, kann nichts in die Höhe steigen – ohne die erdhafte Enge gibt es keine Befreiung in einen luftigen, sonnigen Lebensraum.
Zum Leben – auch zu meinem Leben – gehört beides: Erde und Himmel, meine erdhaften, dunklen Seiten und meine befreiten, frohen Stunden.
Ist der Lebensgrund erreicht, haben die Wurzeln die Kraft, sich sogar durch meinen schmutzigen, schuldhaften Anteil zu drängen, hartes Gestein zu umarmen und den Lebenskeim ins Licht zu stoßen.

„Ist die Wurzel heilig, so sind es auch die Zweige", so lesen wir bei Paulus in Röm 11, 16.
Unsere Wurzeln dürfen wir also nicht verleugnen. Sie gehören unsichtbar zu uns. Vielmehr sind wir aufgerufen, zu forschen und zu fragen, in was hinein wir verwurzelt sind – ob sich aus unseren Wurzelgründen leben läßt:

Wie tief stecken meine Wurzeln?
Wo suchen sie ihren Lebensgrund?
Wo, bei wem suche ich Halt?
Wo, wer ist mein Lebensquell, aus dem ich mir Kraft holen kann?

Denn - „Wer nicht Wurzeln hat, wächst in keine Zukunft", schreibt Kurt Marti. Und der Baum lehrt es uns: Umso tiefer die Wurzeln – umso höher treiben die Zweige ans Licht.

Mögen wir selbst, aber auch unsere Kinder, verwurzelt sein in einen Lebensgrund, aus dem sich schöpfen und leben läßt.

WIR ENTDECKEN EINEN WURZELSTOCK

❍ In die Mitte unseres Kreises haben wir auf ein braunes Tuch einen Wurzelstock gelegt und mit mehreren braunen Tüchern verdeckt.

❍ Einzelne Kinder werden durch An-fassen (Hand auf die Schulter, den Arm …legen) in die Mitte gerufen.
Sie be-fassen von außen den Wurzelstock, befühlen und erspüren das eigenartige Gebilde.

❍ Haben einige Kinder den Wurzelstock durch das Tuch erfaßt, können sie mit ihren Händen etwas von der Gestalt des Wurzelstockes zeigen.

❍ Weitere Kinder dürfen unter dem Tuch den Wurzelstock erspüren und den anderen verbal mitteilen, was sie wahrgenommen, erfühlt haben. (Es ist rauh, rissig, verbogen, verzweigt, verwachsen, knorrig…)

❍ Wir entdecken den Wurzelstock. Wir legen die braunen Tücher rund herum ab.

❍ Wir schauen und benennen, was wir sehen: Aus einem dicken Stamm, Stock erwachsen die Wurzeln. Erst sind sie dick und stark, werden immer dünner, bis sie wie feine Fäden sind.
Der Wurzelstock hat viele, viele Wurzeln.
Sie schauen in alle Richtungen…

❍ In einem Korb haben wir kleine Baumwurzeln gesammelt.
Wir geben ihn im Kreis von einem Kind zum anderen.
Jedes Kind darf sich eine Wurzel herausnehmen.

❍ Wir schauen die Wurzel. Dabei halten wir sie mit einer Hand am oberen Ende fest. Mit der anderen Hand spüren wir von oben nach unten seiner Länge und Beschaffenheit nach. Wenn wir dabei die Augen schließen, sind wir feinfühliger.

Ich spüre, wie stark die Wurzel ist.
Ich umrunde sie mit meinen Fingern.
Ich spüre, wie rauh sie ist.
Vielleicht bröselt noch etwas Erde ab.
Ich erfühle, wie sie nach unten immer dünner und feiner wird.
Ich spüre, wie viele Verzweigungen sie hat.
Ich fahre ganz langsam mit meinen Fingern hinunter bis zur Wurzelspitze.

❍ Wir lassen uns von der Wurzel ansprechen.
Was kann sie uns erzählen?

Ich halte mich fest.
Ich trage den Baum.
Ich gebe Kraft.
Ich greife tief.
Ich lasse das Wasser durch mich in den Baum...

❍ Nach jeder Aussage wird die Wurzel auf dem braunen Tuch rund um den Wurzelstock angelegt. Dabei können wir auch singen:

T. u. M.: H. Neubauer

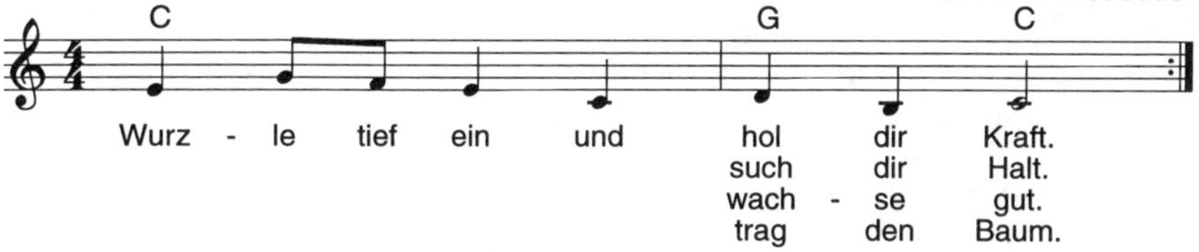

SICH MITEINANDER VERWURZELN – WURZELSTOCK SEIN

❍ Unsere Hände können wie Wurzeln sein.
Wir zeigen es.

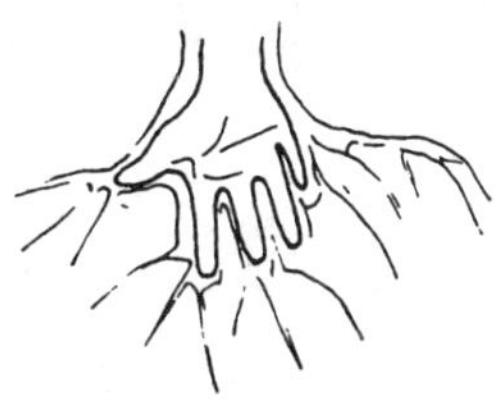

Unsere Finger hängen wie feine Wurzeln am Wurzelstock. Wir sprechen von der Handwurzel.
Sie wollen festhalten.
Sie suchen sich einen Weg.
Sie suchen Kraft beim anderen.

❍ Ein Kind verwurzelt sich mit dem anderen.
Wir legen nacheinander unsere Hände auf den Arm, die Schulter des Nachbarn, bis wir alle miteinander verwurzelt sind.

❍ Wir stehen auf, stellen uns fest auf beide Beine.
Wir geben uns gegenseitig Halt.

Wir sind wie ein großer Wurzelstock,
ein weit verzweigtes Wurzelwerk.
Aneinander festgehalten spüren wir Kraft und Wärme.
Miteinander verwurzelt, trauen wir uns, Stand zu halten.
Aneinander gewachsen suchen wir alle den gleichen Grund.
Wir strecken uns aus nach einem Lebensgrund, nach einer Kraftquelle – damit die Lebenskraft wachsen kann.

So können wir beten:

Guter Gott,
Wir halten uns aneinander fest. Wir sind wie ein großer Wurzelstock, der seine Wurzeln ausstreckt. Sei du der Grund, aus dem wir uns Kraft holen können.
Laß uns miteinander in dir verwurzelt sein. Du bist unser Lebensgrund. Hilf, daß das Gute in uns wachsen kann und daraus reiche Frucht wird.
Amen.

❍ Wir schließen die Augen und träumen dem nach, was aus unseren Wurzeln wachsen und werden kann.

❍ Beim Spiel auf einem Instrument, z. B. Glockenspiel, löst ein Kind nach dem anderen seine „Handwurzel".
Wir spielen und zeigen, was aus der Kraft unserer Wurzel gewachsen ist.

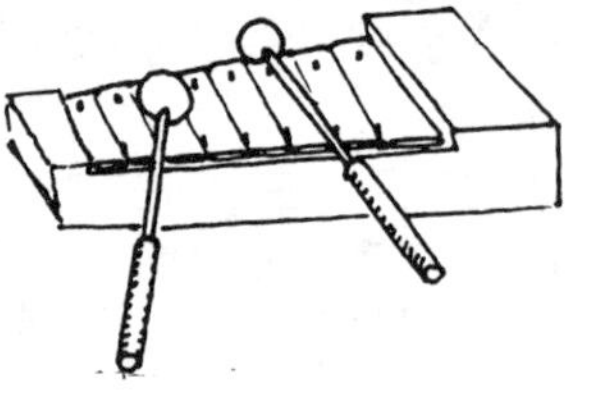

T.: H. Neubauer, M.: F. Kett

JEDER SUCHT SEINEN WURZELGRUND

❍ In einem Spiel-Lied können wir unsere Füße erspüren:
Von der Ferse bis zu den Zehen rolle ich meine Füße ab und von den Zehen zurück bis zur Ferse.

T.: H. Neubauer, M.: F. Kett

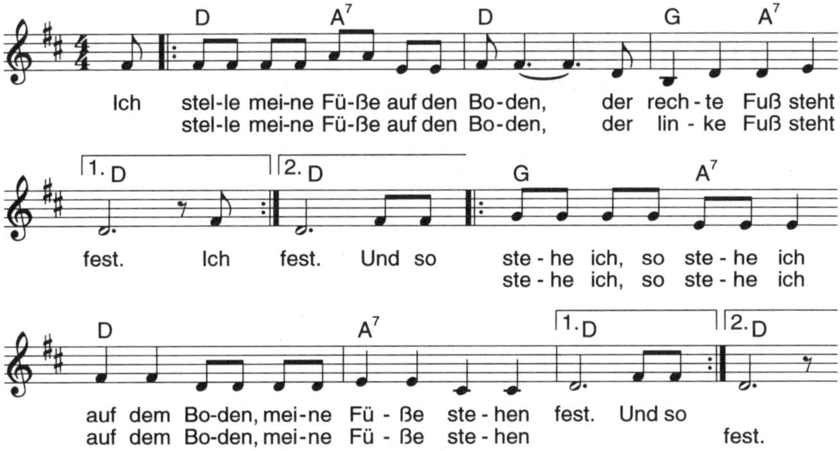

Mein ganzer Fuß, meine Sohlen stehen am Boden.
Meine Füße sind gut abgestellt.
Ich kann mich ganz darauf stellen – mit meinem ganzen Körpergewicht.
So stehe ich auf – ich stehe da – ich habe Stand.
Mein Stand ist fest – ich bin standfest.

❍ Wir schließen die Augen und spüren in die Tiefe:

Meine Fuß-Sohlen spüren tiefer als der Fuß-Boden ist.
Sie spüren weiter hinunter in die Erde. Sie sind wie Wurzeln.
Tiefer, immer tiefer dringen sie vor.
Sie spüren die Dunkelheit, vielleicht auch Steine.
Sie spüren Feuchtigkeit.
Immer tiefer graben sie, stoßen sie vor –
bis zum Grund-Wasser, zur Wasser-Quelle.

❍ Wir singen unser Lied, wie oben und geben als Impuls:

Wurzle tief ein und hole dir Kraft!
Wurzle tief ein und suche Halt!
Wurzle tief ein und greife tief!

❍ Wir spüren unter Augenschluß weiter:

Meine Wurzeln nehmen das Wasser auf, saugen es ein.
Das Wasser strömt durch sie hindurch.
Ich spüre, wie es höher steigt.
Es zieht hinauf durch alle Wurzeln, durch den ganzen Wurzelstock –
bis zur Erdoberfläche.
Die Kraft strömt hinein bis in den Stamm – immer höher hinauf.
Die Äste und Zweige werden stark – strecken sich ins Sonnenlicht.

So steht der Baum – hoch und stark – er schaut ins Leben.
So tief seine Wurzeln reichen, so hoch streckt er sich nach oben.
Auch ein Sturm kann ihn nicht umwerfen, weil er fest verwurzelt ist.

❍ Wir können von einem Kind zum anderen gehen
– seinen „Stamm“ schütteln – sein Verwurzeltsein, seine Standfestigkeit erproben.

DAS LEBEN IN DER ERDE – IM WURZELSTOCK

❍ Wir schauen das Bild in der Mitte, unseren weit verzweigten Wurzelstock.

❍ Wir schließen die Augen und träumen hinunter in die Erde.
Wir schauen im Traum die vielen Wurzeln und Würzelchen.
Sie graben in die Tiefe, suchen sich ihren Weg.
Sie umgehen Steine und Hindernisse.
Sie sind miteinander verflochten.
Zwischen den Wurzeln ist es lebendig.

Ameisen graben sich Wege. – Regenwürmer wühlen die Erde auf.
Schnecken kriechen herum. – Raupen schlafen zwischen den Wurzeln.
Käfer krabbeln. – Mäuse haben ihre Höhle gebaut.

❍ Wir singen und spielen.

T. u. M.: H. Neubauer

❍ Die Kinder gestalten zwischen den Wurzeln das Erschaute und Geträumte.

Dazu wird verschiedenes Material bereitgestellt: Wollfäden, Federn, Gräser, Blätter zum Bauen der Höhlen.
Die Tiere können selbst gestaltet werden oder wir haben gebastelt, z. B. Käfer aus Nußschalen, Mäuse aus grauen Wollfäden, andere Tiere aus Ton…

DER BAUM – SEIN STAMM

EINFÜHRUNG

Der Stamm eines Baumes ist das Verbindungsstück zwischen Erde und Himmel. Er zeigt sichtbar die Kraft aus den Wurzeln und verteilt das Leben in tausendfacher Weise in Äste und Zweige hinein.

Manche „Stamm-Worte" sind mir eingefallen bei der Betrachtung „Baum-Stamm". Zunächst gibt es das Wort Baum-Stamm auch umgekehrt: „Stamm-Baum". Und schon haben wir ein Bild in unsere menschlichen Erfahrungen übertragen. Gar mancher fragt und forscht: „Welcher Ast am Stammbaum bin ich? Wie weit kann ich meine Ahnenreihe verfolgen? Wer sind meine Stamm-Eltern?" Und wieviele Eltern wünschen sich den Stamm-Halter, der stark und stämmig ist und das Leben weiterträgt?
Das Leben eines Neugeborenen wird eingetragen ins Stamm-Buch.
So hat jedes Kind seinen Stamm-Platz in der Familie, in der Geschwisterreihe. Als Erwachsener suche ich mir oft andere Stamm-Plätze. Doch finde ich sie immer da, wo ich mich wohlfühle, wo ich anerkannt bin. Dahinein schlage ich meine Wurzeln.
Vielleicht ist dieser Stamm-Platz an einem Stamm-Tisch. Da versammeln sich Menschen in gleicher Gesinnung, um miteinander etwas ins Leben zu bringen. Sie sind Stamm-Gäste, Stamm-Kundschaft, vielleicht in einem Stamm-Haus.

Wir sprechen auch von ganzen Völker-Stämmen, von Ur-Stämmen. Sie verbindet die gleiche Stammes-Geschichte, die gleiche Stammes-Sprache. Sie haben die gleiche Stammes-Zugehörigkeit.
Bei allen Stamm-Worten ist mir aufgefallen, daß sie einen GRUND haben, Grund und Boden, auf dem sie stehen können, weil sie aus gleichen Wurzeln leben.
Gleichermaßen will aus der Kraft jeden Stammes sich etwas entfalten, ins Licht und Leben kommen. So können wir am Baum-Stamm abschauen, was es heißt, Mittler zu sein zwischen Himmel und Erde.

WIR SCHAUEN DIE RINDE

- ❍ Zwei bis drei braune Rhythmiktücher werden gefaltet und mit ihrer Schmalseite aneinandergelegt – nach oben etwas schmäler.
  An was kann es uns erinnern? Weg, Straße, Kamin, Baumstamm...
- ❍ In einem Korb haben wir verschiedene Rindenstücke gesammelt – wenn möglich von verschiedenen Baumarten.

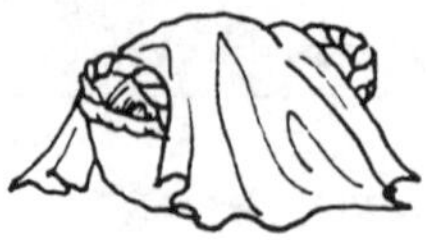

- Wir lassen einzelne Kinder hineinfassen und erspüren, was darin ist.
  Wir wollen das Geheimnis noch nicht verraten.

- Die Kinder, die in den Korb hineingefaßt haben, spielen den anderen in der Handgestik vor, was sie erspürt haben – oder sie erzählen etwas von den Eigenschaften: rauh, kantig, rissig ...

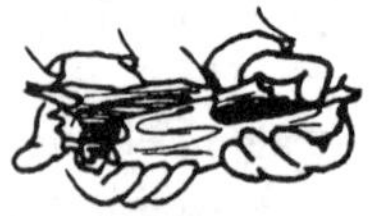

- Jedes Kind darf ein Stück Rinde erspüren und herausnehmen. Wir beschauen unser Rindenstück, fassen es an, streichen darüber.

- Wir lassen es sprechen, erzählen:
  „Ich habe viele Risse, ich hülle den Stamm ein, ich gebe ihm Schutz, ich habe viel Regen und Wind gespürt, Käfer und Würmer sind über mich gekrabbelt…“
  Die Kinder legen nach jeder ihrer Aussagen ihr Rindenstück am „Baumstamm“ in der Mitte ab.

WIR SCHAUEN UNSERE HAUT

- Der Baumstamm wird von der Rinde eingehüllt.
  Mein Körper wird von der Haut geschützt.

  Ich erspüre meine Haut. Ich streiche über meine Hände.
  Wie fühlen sie sich an – innen, außen?
  Ich streiche über meine Arme. Ich streiche über mein Gesicht.

  Ist meine Haut glatt? Ist sie rauh?
  Sind meine Hände rissig?
  Wo fühlt sie sich fein, samten, zart an?
  (Fingerspitzen – Fingerspitzengefühl!)
  Wo finde ich harte Stellen? (Hornhaut)
  Wo gibt es Falten, Runzeln? Wie alt ist sie?
  Habe ich Druckstellen, blaue Flecken?
  Habe ich Wunden, ist die Haut verletzt,
  vielleicht so stark, daß Blut fließt?
  Ist die Baumrinde verletzt, fließt Harz heraus – immer ist es Lebenssaft!

- Der Baumstamm atmet durch seine Rinde.
  Auch unsere Haut atmet. Sind die Hautporen verstopft, kann die Haut nicht mehr atmen, wird sie krank.

Atemübung:

Diese Übung kann gut im Freien gemacht werden. Gehen wir dazu in den Wald, kann sich jedes Kind einen Baum aussuchen. Es stellt sich zu ihm.

Wir schauen unseren Baum an.
Wir sehen seinen Stamm von unten nach oben.
Vielleicht entdecken wir etwas vom Wurzelstock.
Wir schauen, wie der Stamm aus der Erde wächst.
Wir schauen in die Krone. Sie streckt sich ins Licht.
Der Baum steht ganz still – und doch ist er voll Leben.
Wir werden selbst ganz still.
Eine Hand legen wir auf unseren Bauch.
Die andere Hand in gleicher Höhe auf unseren Rücken.
Wir erspüren so unsere Stärke – das Leben, das durch uns hindurchfließt.
Wir atmen ein – wir atmen aus.
Beim **Ausatmen** gehen unsere Gedanken, Gefühle und Vorstellungen über uns hinaus. Sie suchen sich den Raum um uns.
Was kann ich alles sehen, entdecken? Andere Bäume, Menschen...
Wenn ich die Augen schließe, kann ich über diesen Wald hinaussehen.
Vielleicht sehe ich die Wiesen hinter dem Wald, die Häuser...
Vielleicht entdecke ich noch weiter die Berge, das Meer...
Vielleicht sehe ich die Weite des Himmels – die Sonne, die Sterne...
Ich schaue weit über meinen Standplatz hinaus.
Ich stehe mitten in der Welt.
Beim **Einatmen** hole ich die ganze Weite, die Luft, das Licht, die Wärme, Himmel und Erde, die ganze Welt in mich hinein.
Ich sammle das Leben in mir.
Ich spüre, wie sich zwischen meinen Händen die Wärme, das Leben ausdehnen – wie alles in mir durchlebt, durchatmet wird.
So atme ich immerfort ein und aus – gehe aus mir hinaus und sammle wieder ein.
Ich stehe ganz still und bin doch voller Leben.
Ich stehe an meinem Platz und bin doch mitten in der Welt.

T. u. M.: H. Neubauer

WIR SCHAUEN DEN STAMM

- Wir erzählen, wie der Stamm in unserer Mitte anzuschauen ist: Kräftig, hoch, stark, mächtig...
- Wir schließen die Augen und suchen in unserer Vorstellung einen Baum.
  Wo steht er?
  Wie sieht er aus?
  Kenne ich seinen Namen?
  In unserer Vorstellung erspüren wir seine Rinde. Ist sie rauh und rissig oder glatt?
  Wie dick ist sein Stamm? Wir umfassen ihn mit unseren Armen.
  Können wir sie ganz herumlegen?
  Wir gehen in der Vorstellung um ihn herum.

  Wie hoch können wir greifen? Wir begreifen seine Höhe – fahren mit unseren Händen den Stamm entlang hinauf. Wo beginnen die Äste und Zweige zu wachsen? Können wir sie erreichen?

  Wir fahren mit unseren Händen wieder nach unten, wo sich der Stamm in der Erde verwurzelt.

WIR SUCHEN EINEN STAMMPLATZ – WERDEN SELBST ZUM STAMM

- Wir suchen uns zunächst mit den Augen im Raum einen guten Stammplatz.
  Wo ist mein Platz?
  Wo kann ich gut stehen?
  Wo möchte ich meinen Stammplatz haben?
- Wir gehen im Raum – suchen unseren Platz auf.
  Wenn wir ihn gefunden haben, bleiben wir dort stehen.
  Wir können dazu singen:

T. u. M.: H. Neubauer

- ❍ Wir stehen breitbeinig da, so wie ein Stamm unten breiter und dicker ist.
  Wir erspüren unseren guten Stand.
  Wir schauen unseren Standplatz an.
  Wieviel Platz brauche ich zum Stehen?
  Die Erde trägt, hält mich.
  In die Tiefe der Erde hinein wachsen meine Wurzeln. Sie greifen – halten fest.
  Ich spüre tief hinunter bis zum Grund, wo ich fest gehalten bin.
- ❍ In einem Lied können wir das **Geerdetsein** verdichten:

T. u. M.: F. Kett

Aus dieser Haltekraft kann ich mich aufrichten
und mich – meinen Stamm – erschauen, erspüren.
Ich fasse bis zur Erde hinunter, auf der ich stehe.
Ich erfasse meine Füße, meine Beine, fahre mit den Händen hinauf – meinen ganzen Leib entlang – erfahre ihn.
Ich erspüre meinen Stamm, wie er von unten nach oben wächst, wie er aufgerichtet steht – bis hinauf zu den Schultern, zu dem Punkt, wo ich mich verzweige.
Meine Arme sind Ästen, Zweigen gleich – strecken sich in die Höhe, in den Himmel, ins Licht.
Ich nehme Licht und Wärme auf – nehme sie in mich hinein.

- ❍ Aus diesem **Gehimmeltsein** läßt sich singen:

T. u. M.: F. Kett

So erspüre ich mich – meinen Stamm, auch von oben nach unten, bis hinein in meinen Stand, in meine Wurzeln.

Ich weiß mich geerdet und gehimmelt.
Gleich wie der Baum lebe ich aus den Elementen – hole meine Lebenskraft aus ihnen:
Die Wurzeln suchen Erde und Wasser.
Die Krone sucht das Sonnenlicht und die Luft.
Der Stamm ist der Mittler zwischen unten und oben – zwischen Erde und Himmel. Je mehr meine Wurzeln den Erdgrund suchen, um so höher wachsen meine Zweige ins Himmelslicht.

DEN STAMMPLATZ – STANDPLATZ BEZEICHNEN

❍ Über jedes Kind wird ein Reifen gezogen, bzw. es wird mit einem Seil ein Kreis um seine Füße gelegt.
So bekommt jedes Kind seinen Standplatz, seinen Standort.

❍ Die Kinder betrachten ihren Standort – Ich-Kreis – Ich-Platz.
Sie schmücken ihren Ort mit verschiedenen Naturmaterialien (Früchte und Samen von Bäumen) aus, z.B. Kastanien, Eicheln, Bucheckern, Zapfen…

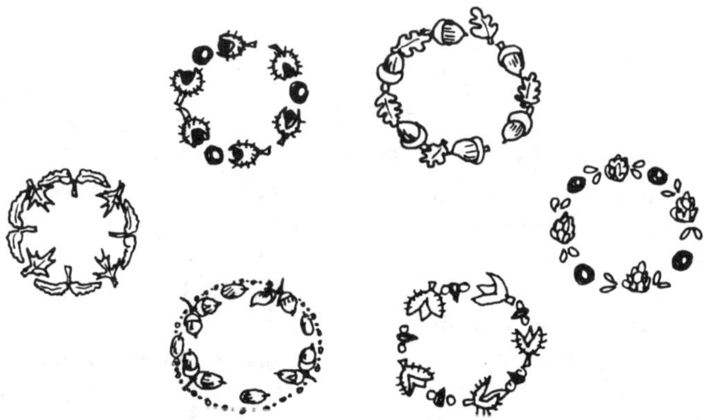

❍ Wir freuen uns über die Buntheit, Vielgestaltigkeit unserer Ich-Zeichen und danken Gott für unser Dasein:

T. u. M.: F. Kett

– **Mit meinen Augen bin ich da zum Schauen,**
mit meinen Ohren zum Hören,
mit meinem Mund kann ich singen.

Vers: Ich bin da…

– **Mit meinen Händen kann ich greifen, spielen, essen, arbeiten,**
mit meinen Beinen kann ich klettern, laufen, springen, tanzen.

Vers: Ich bin da…

– **Mit meinem Verstand kann ich überlegen, denken, forschen.**

Vers: Ich bin da…

– **Mit meinem Herzen kann ich glauben, hoffen, lieben.**

WIE EIN BAUM STAND HABEN – STAND HALTEN – BEISTAND LEISTEN

EINFÜHRUNG

Wie oft habe ich mich schon ertappt, daß ich vor einer Entscheidung, in einer schwierigen Situation für mich geflüstert habe: „Lieber Gott, steh mir bei!“
Ein kleiner Hilferuf, wenn Unsicherheit oder Angst aufkommen.
Wie wenig habe ich darüber nachgedacht, was es um die Haltung des Stehens, des Beistehens ist.
Erst als meine Standfestigkeit, mein Stehvermögen durch Schmerzen und Krankheit in Frage gestellt waren, wurde mir dieser Wert neu bewußt.
Als ich selbst auf wackligen Beinen stand, brauchte ich etwas oder jemanden zum Festhalten, zum Anlehnen – ich brauchte jemanden, der bei mir stand, an dem ich mich aufrichten konnte – einen Bei-stand.
Von daher habe ich es neu und dankbar angenommen, wenn Menschen mir bei-standen. Ich konnte bewußter den Bei-stand Gottes erbitten. Und ein Satz aus Psalm 56 wurde mit zur frohen Gewißheit: „Ich habe erkannt, mir steht Gott zur Seite“.

Ich weiß von Menschen, die mein Leben teilen, daß sie manche Prüfung zu bestehen haben, daß schweres Leid durchgestanden sein will. Auch unsere Schuld müssen wir immer wieder eingestehen, will uns Befreiung erwachsen.

So erwuchs aus meiner Unsicherheit die Sehnsucht, selbst wieder feststehen zu können – nicht für mich allein – sondern bei-stehend für andere.
Diese Haltungen des Stehens, des Bei-Stehens wollen eingeübt werden.

Der Baum mit seinem festen Stand, in seiner kraftvollen Ausrichtung mag uns hilfreiches Zeichen dafür sein.
Vielleicht müssen wir uns selbst immer wieder vertrauensvoll an einen Baumstamm lehnen – seinen Atem erspüren, seine Treue und Beständigkeit.

ÜBUNGEN ZUM STAND HABEN – BEISTAND LEISTEN

❍ Wir sitzen im Kreis, die Füße stehen am Boden.

Die Fußsohlen haben Kontakt mit dem Fußboden.
Ich spüre die rechte Fußsohle – die linke Fußsohle.
Ich rolle meine Füße auf dem Boden ab – von der Ferse bis zur Zehenspitze und wieder zurück.
Ich stehe mit meinen Füßen fest auf dem Boden.
Ich spüre durch den Boden hindurch –
immer tiefer, immer weiter hinunter in die Erde –
wie die Wurzeln eines Baumes die Tiefe suchen.
In der Tiefe suche ich Halt. Aus der Tiefe hole ich mir Kraft.

❍ Wir richten uns auf

Wenn ich festen Stand habe, kann ich mich *aufrichten* – aufgerichtet sein – aufrecht stehen. Ich bin ein aufrechter Mensch.

Wenn ich festen Stand habe, kann ich mich *erheben.* Mein Körper, mein Blick ist nach oben gerichtet – ich bin erhoben ins Licht, in die Luft.

Wenn ich festen Stand habe, kann ich *gerade stehen* – bin ich geradlinig – ein geradliniger Mensch.

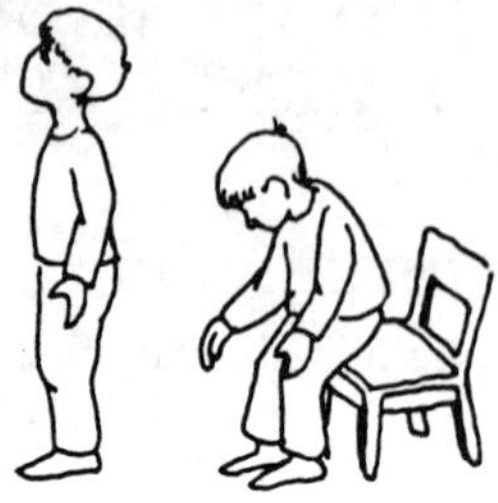

❍ Wir singen:

T. u. M.: H. Neubauer

❍ Wir erspüren unsere Standfestigkeit

Wenn ich festen Stand habe, dann kann ich Stand halten.

Ein Baum kann den Stürmen und Unwettern standhalten. Er fällt nicht um. Wir stehen fest wie ein Baum. Wir wiegen und schütteln uns im Wind. Wir erproben im Partnerspiel unsere Standfestigkeit. Einer spielt den standfesten Baum – der andere den Wind, der den Baum rüttelt und schüttelt.

Wir tauschen die Rollen.

❍ Wir stehen einander bei

Wenn ich festen Stand habe, kann sich jemand an mich anlehnen – so wie wir uns an einen Baumstamm lehnen und ausruhen. Im Partnerspiel darf jeweils einer der Baumstamm sein. Er steht fest und ganz ruhig. Der andere darf sich anlehnen und ausruhen…

So erfahren wir uns als standfest und auch als anlehnungsbedürftig.

Wenn wir uns anlehnen können, werden wir ganz ruhig.

Wir wissen jemanden, der bei uns steht, der uns beisteht.

Wir können vertrauen und die Augen schließen. Wir spüren den Atem – unseren Atem, aber auch den Atem des Baumes, des anderen.

Wir atmen ein, wir atmen aus.
Mein Atem kommt in dich hinein – und der deine in mich.
Ich werde ganz ruhig, gewinne selbst wieder Stand und Halt.
So stehen wir beieinander.
Wir stehen zueinander.
Wir bestehen gemeinsam manches Unwetter.
Wir durchstehen miteinander Schwierigkeiten.
Wir verstehen uns gut.

Wir beten:

Guter Gott,
Manchmal bin ich ganz sicher – da stehe ich mit beiden Beinen fest auf dem Boden. Manchmal bin ich ganz unsicher – da habe ich keinen Stand, da suche ich Halt, da möchte ich mich anlehnen.
Da ist es gut, wenn mir jemand Stütze und Kraft gibt.
Manchmal darf ich für andere wie ein fester Baumstamm sein, wo sie sich anlehnen können.
Du Gott, stehst immer bei uns – du stehst uns bei, wenn wir kraft- und mutlos sind.
Dafür danken wir dir.

Wir singen:

T. u. M.: H. Neubauer

Wir wollen auch an all die Menschen denken, die unseren Beistand brauchen:

- Für die Menschen, die Angst haben
- Für die Menschen, die krank sind
- Für die Menschen, die alleine sind
- Für die Menschen, die…

Nach jeder Fürbitte singen wir: Guter Gott, steh uns bei.

DER BAUM – SEINE KRONE

EINFÜHRUNG

„Einer Sache die Krone aufsetzen“, so sagen wir, wenn der Höhepunkt erreicht wird. Was gekrönt ist, hat Würde, wird als wertvoll erachtet.

Wir sprechen auch beim Baum von einer Krone – einer Baum-Krone. Sie ist der absolute Höhepunkt des Baumes. Gekrönt wird das, was beständig und treu, Jahr für Jahr aus der Kraft der Erde seine Lebensringe erweitert und stärkt.

In der Krone wird sichtbar die gesammelte Kraft des Baumes. In ihr veräußert sich das Leben vielfältig und reich bis in die kleinsten und feinsten Spitzen der Zweige hinein.

Zu jeder Jahreszeit ist diese Krone anders geschmückt: Zarte Blüten zieren sie im Frühling. Aus den linden Blättern entfaltet sich ein reiches, kräftiges Blätterdach. Früchte wachsen und reifen im Sommer und Herbst. Und selbst die letzten Blätter schmücken bunt und schön das Astwerk.

Die Baumkrone ist dem Licht nahe. Da hineingetaucht glitzert und glänzt, leuchtet und funkelt sie – selbst wenn sie ganz schmucklos ist.

In der Baumkrone wohnt der Gesang der Vögel und das Lied des Windes. Über der Krone leuchtet das milde Licht des Mondes und der Glanz der Sterne. In der Krone schauen wir die Kraft der Jahre und die Würde des Alters. Aus der Krone spricht zu uns die Größe und Weisheit des Schöpfers.

WIR SCHAUEN EINE BAUMKRONE

❍ Wir sind im Kreis versammelt.

❍ Unsere Mitte wird von einem Holzreifen gekennzeichnet.

❍ Rund um den Reifen darf jedes Kind drei braune Kartonstreifen in vorgegebener Weise ablegen.

Die Erzieherin legt das Muster vor und nimmt zu einem Kind Blickkontakt auf. Dieses schließt seine drei Streifen an das vorgegebene Muster an.
Dies vollzieht sich so lange, bis alle Kinder ihr Muster gelegt haben und es sich um den Reifen gerundet hat.

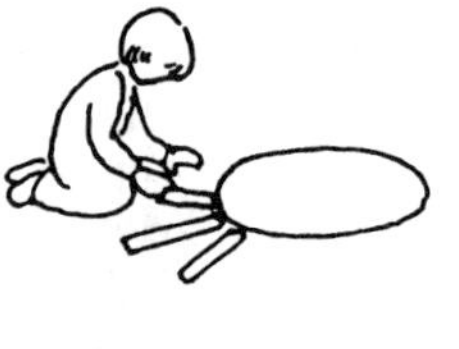

❍ Wir schauen, was es geworden ist.
Das Muster erinnert uns an einen Stern, an eine Krone.
Unsere Krone ist nicht aus Licht oder Gold.
Unsere Krone schmückt den Baumstamm.
Es ist eine Baum-Krone.

Eine Goldkrone leuchtet und funkelt,
ist mit Diamanten und Edelsteinen geschmückt.
Die „Edelsteine“ einer Baumkrone verändern sich
im Laufe eines Jahres.

Im Winter, wenn der Baum kahl geworden ist, kann es sein,
daß Rauhreif und Schneesterne die Krone zum Glitzern bringen.

Im Frühjahr brechen Blütensterne aus dem dürren Geäst.

Im Sommer schmücken Tausende von grünen Blättern die Äste.

Und im Herbst krönen die Früchte den Baum.
Auch wenn die grünen Blätter bunt geworden sind,
zeigt sich der Baum von einer herrlichen Seite.

Die Baumkrone schmückt sich immer mit Leben.
Jedesmal anders und immer wieder neu.

WIR GESTALTEN EINE BAUMKRONE JE NACH JAHRESZEIT

❍ Die Erzieherin motiviert die Kinder, die Augen zu schließen und erst wieder bei einem Cymbelton zu öffnen.

❍ In der Zwischenzeit wird in die Reifenmitte eine Vase mit dem entsprechenden Zweig der Jahreszeit gestellt.

❍ Wir schauen ihn an und entdecken seine Gestalt und Form.

❍ Wir zeigen und gestalten mit unseren Händen, was wir am Zweig entdeckt haben.
Wir spielen es uns gegenseitig vor und erraten es. (Die geschlossenen oder geöffneten Blüten, die breiten Blätter, die verzweigten Äste...)

❍ Wir gestalten das Erschaute in unserer Baumkrone.

Die Kinder können mit kleinen Streifen oder Zweigen ihren Ast weitergestalten, so daß die Baumkrone größer und weiter wird.

– Für den Frühjahrsschmuck lassen sich aus Filzteilen und Perlen Blüten legen. Oder wir haben Blüten gemalt und ausgeschnitten oder aus Seidenpapier gebastelt.

- Im Sommer schmücken wir den Baum mit grünen Blättern, aus Karton oder Filz geschnitten.

- Der Herbst läßt uns bunte Blätter sammeln und ins Geäst legen. Auch Früchte aller Art reifen in unserer Baumkrone (Äpfel, Nüsse, Kastanien, Eicheln, Bucheckern...).

- Der Winter schneit Schneesterne ins Geäst: Aus Seidenpapier haben wir im Faltschnitt kleine, zarte Schneesterne geschnitten.

❍ Die Gestaltung läßt sich mit leiser Musikuntermalung begleiten.

❍ Nach unserer Gestaltung versammeln wir uns um unsere Baumkrone.

❍ Wir werden selbst zu einer Krone – fassen unsere Hände und halten sie hoch hinauf.

<u>So können wir beten:</u>

Guter Gott!
Unsere Baum-Krone ist reich geschmückt.
Die Blüten (Blätter, Früchte) glänzen wie die Edelsteine in einer Goldkrone. Alles wird von deiner Sonne, deinem Licht leuchtend und froh gemacht. Wir danken dir für den Reichtum – für die Zeichen des Lebens, die du uns schenkst. Laß uns selbst immer mehr in dein Licht, in deine Liebe hineinwachsen.
Amen.

WIR GESTALTEN EINEN JAHRESZEITENBAUM

Wenn uns die Gestalt des Baumes während des Kindergartenjahres, im Jahreskreislauf begleitet hat, können wir in Zusammenfassung auch einen Jahreszeitenbaum gestalten.
Die Jahreszeiten gestalten sich in jeweils einem Viertel der Krone.

In diesem Zusammenhang mag das Kind etwas von der immerwährenden Wiederkehr des Lebens erahnen.
Was wir mit einer Baumkrone im Wechsel der Jahreszeiten erschauen können, zeigt sich als Gesetz und Geheimnis jedes Lebens.

Hineingenommen in einen großen Kreislauf, getragen von der lebendigen Hand eines liebenden Gottes, vollziehen sich Grünen und Blühen, Fruchtbringen und Absterben – um immer wieder neu ins Leben zu kommen.
Das mag im Kind Hoffnung und Lebensmut wecken.

❍ Die Gestaltung können wir in mehreren Schritten vornehmen – oder mit einem Lied begleiten, das wir singen und tanzen:

T.: H. Neubauer
M.: volkstümlich

2. Es tönen die Lieder, der Sommer kehrt wieder.
   Es grünen die Bäume, sie stehen im Saft.

3. Es tönen die Lieder, der Herbst, er kehrt wieder.
   Es leuchten die Bäume in herbstlicher Pracht.

4. Es tönen die Lieder, der Winter kehrt wieder.
   Kahl stehen die Bäume. Sie sammeln neue Kraft.

BAUMKRONENTANZ

Die Teilnehmer bilden drei konzentrische Kreise.
Jeder Kreis stellt eine Jahreszeit dar.
Zusammengesehen sind sie gleichsam der Baumstamm.

1. Der *Innenkreis* stellt den Frühling dar.
   Jeder Teilnehmer trägt ein weißes, rosa oder hellrotes Seidentuch klein zusammengedrückt in beiden Händen.
   Bei der ersten Strophe des Liedes steht der „Blütenbaum" langsam auf.
   Die Tücher in den Händen entfalten sich zu Blüten.
2. Der *mittlere Kreis* stellt den Sommer dar mit seinem grünen Blätterkleid.
   Die Teilnehmer haben grüne Tücher in den Händen, die sie beim Aufstehen hochheben und als „Blätter wachsen" lassen.
3. Der *Außenkreis* stellt den Herbst dar.
   Jeder Teilnehmer hat einen Apfel (auch gemalt oder aus Pappe möglich) in den Händen.
   Die Früchte werden bei der 3. Strophe gezeigt.

Die Ausgangsstellung ist Hockstellung.
Mit jeder Strophe wächst der Baum und entfaltet sich.

T.: H. Neubauer
M.: D. Jöcker

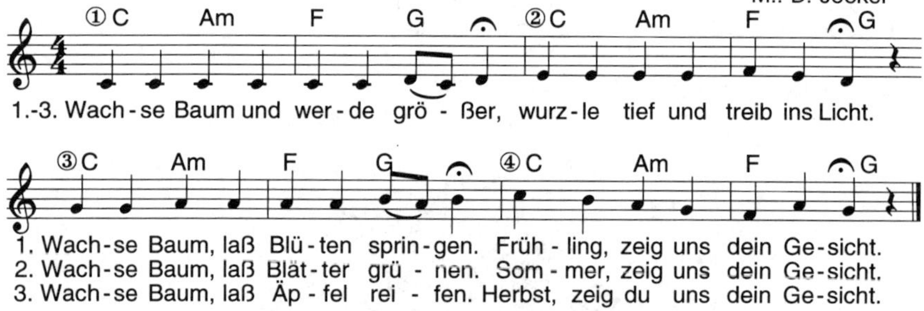

4. Schön geschmückt wie eine Krone, stehst du, Baum bist segensreich.
   Du bist wertvoll, reich und prächtig. Du bist einer Krone gleich.

Nach der 4. Strophe – **gesprochen:**

Die Blüten des Baumes sind schon längst abgefallen.
Auch die reifen Früchte wurden gepflückt oder liegen im Gras.
Die grünen Blätter sind bunt geworden und zur Erde gefallen.

(Blüten, Blätter, Früchte werden jeweils abgelegt.
Die Hände bleiben als Baumkrone erhoben.)

Wir **singen** die 5. Strophe:

5. Leer ist Baum jetzt deine Krone. Du trugst übers ganze Jahr
   Blüten, Blätter und auch Früchte. Danke, du bist wunderbar!

Daran kann sich auf die gleiche Melodie ein *Halleluja* anschließen.
Die Teilnehmer fassen sich als Krone und wiegen sich hin und her.

DER BAUM – SEIN BLÄTTERDACH

EINFÜHRUNG

Wenn wir vom belaubten Baum und seinem Laubdach sprechen, verbinden wir damit Erfahrungen von Schutz und Geborgenheit.
Hat es zu regnen angefangen – das dichte Blätterdach eines Baumes hält den ersten Regen ab. Mag die Sonne heiß vom Himmel brennen – im Schatten eines Laubdaches läßt es sich aushalten.
Da kann es auch sein, daß wir an unsere Kindertage denken – im Baumgeäst, unter vielen grünen Blättern haben wir uns vielleicht verkrochen, uns geborgen und zuhause gefühlt.
Vielleicht sehen wir auch vor uns die Bank unter einem Baum, am Waldrand, im Garten. Wie oft war dies Zufluchtsort, ein Stück Heimat.
Die Dorflinde – ein Bild aus vergangenen Zeiten – Treffpunkt des ganzen Dorfes! Da wurde geplaudert und gelacht, gescherzt und getanzt.
Es kann auch das Bild eines Biergartens auftauchen. Da stehen noch die alten Kastanienbäume, darunter Tische und Bänke. Menschen suchen unter diesem weiten Blätterdach einen Ort der Begegnung, des Ausruhens und Fröhlichseins – einen Ort, wo man zu Hause ist.
Unter diesem Dach, in diesem Haus sind Gäste immer willkommen. Der Baum ist wohl so etwas wie ein Gäste-Haus, ein Gast-Haus.

UNTER EINEM DACH SEIN

❍ Die Erzieherin hält ihre Hände, Arme vor sich ausgestreckt – wie ein schützendes Dach. Die Impulsgeste kann Assoziationen wecken: wie ein Dach, wie ein Schirm.

❍ Wir strecken alle unsere Hände aus, halten sie über etwas gebreitet. Dabei schließen wir die Augen und träumen, wen oder was wir beschützen wollen.
❍ Die Kinder erzählen, wer ihren Schutz braucht: Katze, Hamster, kleinere Geschwister…
❍ Wir können die Erzählrunde auch mit einem Liedvers begleiten:

T. u. M.: H. Neubauer

❍ Die Erzieherin hält ihre schützenden Hände über das Kind und sagt ihm zu: Ich schütze dich, ich behüte dich, meine Hände sind wie ein Dach über dir ausgebreitet… oder sie singt es dem Kind zu:

T. u. M.: H. Neubauer

❍ Immer zwei Kinder wenden sich zueinander. Eines breitet die Hände über dem anderen aus und gibt ihm die Zusage von Schutz und Hilfe. Wir wechseln in diesem Spiel ab.

❍ In einem Lied können wir uns das Zuhause- und Geborgensein auch zusingen:
(Die Gruppe, die das Dach spielt, gibt die Zusage.
Die Gruppe, die unter dem Dach steht, gibt die Antwort).

T. u. M.: H. Neubauer

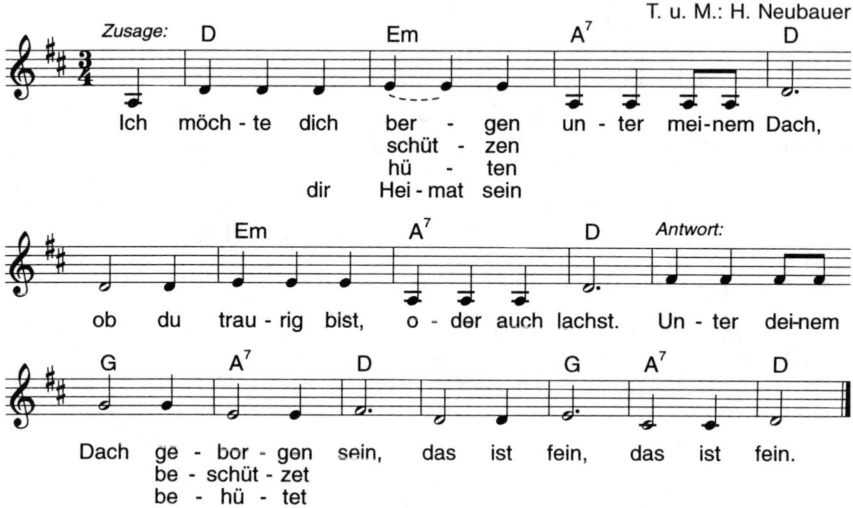

GEMEINSAM DACH SEIN

❍ Im großen Kreis hält jedes Kind seine Hände ausgestreckt wie ein Dach. Wir rücken soweit zur Kreismitte zusammen, bis das Dach sich schließt.

Wen wollen wir unter unserem Dach beschützen?
Ist es ein Hausdach?
Ist es ein Hüttendach?
Ist es ein Zeltdach?
Es kann auch wie das Dach eines Baumes sein – ein Laubdach – ein Blätterdach.
Wer fühlt sich unter diesem Dach beschützt?
Die Vögel bauen ihre Nester, das Eichhörnchen seinen Kobel…

DAS LEBEN UNTERM BLÄTTERDACH

❍ Wir öffnen unser „Blätterdach".
Die Erzieherin legt in die Mitte des Kreises einen Reifen als Ort und Zeichen für die Tiere und Menschen, die unter dem Dach des Baumes leben.

❍ Ein paar Kinder dürfen in die Mitte treten, sich in den Reifen setzen und die Tiere spielen: Vögel oder Eichkätzchen...
Die anderen Kinder halten beschützend die Hände über sie.

❍ Wir singen dazu ein Lied:

T. u. M.: H. Neubauer

❍ Die Erzieherin erzählt von der Weite und Breite eines Baumes...
Wir können den Baum auch zeigen, wie er seine Äste und Zweige weit hinausstreckt.
Dazu drehen wir uns um, stehen mit dem Rücken zur Mitte, schauen nach außen, strecken unsere Hände weit schützend nach vorne.

❍ Die Erzieherin oder die Kinder erzählen,
wer alles zum Baum kommt und unter seinem Dach Zuflucht sucht:
Eine Frau kommt und sucht einen Schattenplatz unter dem Baum.
Der Bauer kommt und stellt eine Bank unter dem Baum auf, damit müde Wanderer rasten können.
Ein Mann kommt, hat eine Decke mitgebracht und breitet sie aus. Er legt sich darauf und ruht sich aus.
Eine ganze Familie kommt. Sie machen ein Picknick unter dem Baum.
Die Kinder fangen zu spielen an – Fangen und Verstecken.
Sie singen und tanzen rund um den Baum.
Da kommt jemand angerannt. Es hat zu regnen begonnen. Er sucht Schutz.

❍ Wenn wir die Gruppe teilen, können wir das alles auch spielen.
Eine Gruppe spielt den schützenden Baum,
die andere Gruppe die Menschen, die zum Baum kommen.

❍ Wir können auch am Ende unser (S. 26) „Zusage-Antwort-Lied“ singen: Ich möchte dich bergen…

WIR GESTALTEN EINEN BAUM MIT SEINEM BLÄTTERDACH

❍ Den Reifen in unserer Mitte bedecken wir mit einem braunen Tuch. Wir schauen darin den runden Baumstamm. Viele Äste und Zweige breiten sich rund um den Stamm aus. *Jedes Kind legt mit Karton- oder Holzstreifen einen Ast und gestaltet ihn mit grünen Blättern aus (ausgeschnittene Filz- oder Kartonblätter).* Eine weite, breite Baumkrone liegt vor uns.

❍ Verschiedene Gestaltungsmöglichkeiten lassen das Erschaute und Gespielte vertiefen.

– Wir können einen Vogelbaum gestalten:
Kleine gefaltete oder gemalte Vögel werden den Kindern in die Hand gegeben. Wir tanzen und fliegen damit als „Vögel“ um den Baum herum. Dazu singen wir:

„Alle Vögel sind schon da, alle Vögel alle.
Amsel, Drossel, Fink und Star
und die ganze Vogelschar
wünschen uns ein frohes Jahr,
lauter Heil und Segen.“

Wir legen die Vögel in die Baumkrone hinein.

– Im folgenden Lied tanzen wir als Menschenkinder um den Baum.

T. u. M.: H. Neubauer

– Wir können uns selbst als Gäste unter dem Dach des Baumes einfinden – den Baum als Gast-Haus erschauen:
Wir legen verschiedenfarbige Tücher bereit.
Jedes Kind darf sich ein Tuch auswählen.
Wir breiten rund um die Baumkrone unsere Tücher aus (so groß auffalten, daß jeder Platz hat).
Jedes Kind darf auf sein Tuch ein Zeichen von sich selbst legen.

❍ Die Erzieherin faßt das ganze Geschehen zusammen:
Wir haben alle Platz unter der großen Baumkrone.
Der Baum breitet seine Äste und Zweige weit über uns.
Wir sind darunter wie unter einem Dach geborgen und beschützt.
Wir dürfen im Schatten eines Baumes ausruhen.
Wir dürfen darunter Brotzeit machen und auch tanzen und springen.
Gut, daß es Bäume gibt!

Guter Gott,
danke für den Baum, unter dem wir Gäste sein dürfen.
Danke, daß er seine Äste über uns breitet.
Danke, daß wir darunter geborgen und beschützt sein dürfen, wie unter einem Dach.
Danke auch, daß viele Tiere im Baum leben dürfen und dort zu Hause sind.

Wir sollen selbst wie ein Baum sein und unsere Hände über andere breiten, die unseren Schutz und unsere Hilfe brauchen.
Guter Gott,
hilf uns dabei und breite deine schützenden, segnenden Hände über uns.
Amen.

ICH LEBE MEIN LEBEN IN WACHSENDEN RINGEN

EINFÜHRUNG

Wachsen – wollen wir das nicht alle in irgendeiner Weise?
Von unserer Körpergestalt her sind wir wohl einmal als „Erwachsene“ ausgewachsen. Aber als Mensch stehen wir in verschiedenen Wachstumsperioden. Wir suchen auf vielfältige Weise, daß uns etwas zuwächst. Lebensfreude, Mut, Hoffnung, Glaube, Liebe... und vieles mehr ist auf Wachstum angelegt. Und was wünschen wir unseren Kindern nicht alles! Sie sollen wachsen an Verstand und starkem Willen, vielleicht an Schönheit und Anmut, an Stärke und Kraft, auch an Kritikfähigkeit und Durchsetzungsvermögen... Viele guten Wünsche werden schon in die Wiege mit hineingelegt. Und jedes Jahr wächst uns, gleich wie einem Baum, ein Lebensring dazu. Jeder umschließt die Mitte und ist durch seine „Wetter-Erfahrungen“ gekennzeichnet.
Unseren Kindern können wir zu einem guten Wachstum verhelfen, indem wir ihre Mitte-, ihre Herzenskräfte stärken, aufmerksam ihr Leben beobachten und teilen.
Sie spüren wohl noch die Aufregung und Spannung um das Leben, das in ihnen wächst.
So erzählte mir eine Erzieherin: Ein Kind kam frühmorgens in den Kindergarten und fragte mich: „Hörst du mein Herz schlagen?“ Meine zweifelnde und unsichere Antwort gar nicht abwartend, nahm es meine Hand und legte sie auf sein laut pochendes Herz. „Weißt du, ich habe heute Geburtstag!“
Ein dreieinhalbjähriger Junge griff bei dem Lied: „Mein Herz ist bereit, ja bereit ist mein Herz“ nach seinem Herzen und malte darauf ein Herz mit Haaren, Händen und Füßen, einen Herzmenschen.
Ja, so will Leben wachsen und unser Wunsch ist, daß wir und unsere Kinder zu Menschen auswachsen, die aus der Mitte heraus, aus dem Herzen schauen, hören und handeln.

WIR ENTDECKEN EINE BAUMSCHEIBE

- In braunes Tuch gehüllt wird eine Baumscheibe im Kreis getragen. Es wird somit etwas noch zu Entdeckendes, ein Geheimnis gleichermaßen, zum Tragen gebracht. Außerdem erahnen wir in der Art des Tragens schon etwas von der Besonderheit des Gegenstandes (Größe, Schwere, Form...).

- Die verhüllte Baumscheibe wird von Kind zu Kind weitergereicht. Jedes Kind darf erspüren, ertasten, begreifen, was es in den Händen hält. Es ertastet durch das Tuch

hindurch etwas von der Eigenart. Wir tasten uns an das „Geheimnis“ heran. Für Kinderhände ist eine Baumscheibe „gewichtig“. Sie will mit beiden Händen empfangen werden.
Beim Weitergeben kann gesungen werden:

T. u. M.: H. Neubauer

❍ Die verdeckte Baumscheibe wird in der Kreismitte abgelegt. Einzelne Kinder decken sie stückchenweise auf, bis das „Geheimnis“ gelüftet ist.
Zu diesem Tun läßt sich singen:

T. u. M.: F. Kett

ANGESICHTS EINES TEILS SCHAUEN WIR DAS GANZE

❍ Kinder benennen den Gegenstand in der Mitte nach ihrem Vorstellungs-Kenntnisstand: Holzscheibe, Brotzeitbrett, mein Papa hat einen Holzstock, Hackstock, usw.

❍ Die Erzieherin gibt den Kindern den Impuls, die Augen zu schließen und innen den Baum zu schauen, von dem die Baumscheibe kommt. Sie spricht, bzw. singt als Vorstellungsimpuls:

T. u. M.: H. Neubauer

Weitere Strophen:
Ich seh die weiten Äste und kann sie ...
Ich seh die mächtigen Wurzeln und kann sie ...
Ich seh die grünen Blätter und kann sie ... usw.

WAS UNS DIE BAUMSCHEIBE ERZÄHLEN KANN

❍ Die Baumscheibe wandert von Hand zu Hand.
Jeder darf sie genau betrachten.
Ein Liedvers dient als Nachdenkimpuls:

T. u. M.: Adam

❍ Ist die Baumscheibe wieder in der Mitte abgelegt, dürfen einzelne Kinder an sie herantreten. Eine Holzblocktrommel lädt zum Schlagen ein und öffnet vielleicht auch den Mund, um Wahrnehmungen, Vorstellungen, Gedanken zu äußern:

Ich bin rund.
Ich habe Ringe.
Ich habe eine Rinde.
Ich habe einen Kern.
Ich war ein Baum.
Ich habe Äste getragen und Blätter, usw.

Wir reden dabei nicht über den Gegenstand, sondern lassen ihn selber zu Wort kommen. Während das Kind in der „Ich-Form" erzählt, teilt es gleichzeitig ein Stück Wirklichkeit aus dem eigenen Leben mit. Es erahnt, daß sich LEBEN in immer gleichen Strukturen vollzieht. Die Sehnsucht nach Wachsen und Werden, nach gelingendem Leben – trotz Härte und Schwere – wird im Kind gestärkt.

❍ Bezüglich der Jahresringe wird Erklärungsbedarf sein.
Sie erzählen uns vom Alter des Baumes. Sie berichten ob das Jahr viel oder wenig Wachstum brachte, ein gutes oder weniger gutes Jahr war. Wie alt mag der Baum gewesen sein, von dem unsere Scheibe stammt? Wer kann seine Ringe zählen?

❍ Wir zeichnen mit den Händen einige Jahresringe des Baumes nach und singen dazu:

T. u. M.: H. Neubauer

DIE GRUPPE SPIELT DAS WERDEN DES BAUMES IN WACHSENDEN RINGEN

❍ Wir lassen unseren Baum (Baumscheibe) in der Mitte weiter wachsen, indem wir uns in Kreisen um ihn aufstellen. Dazu singen wir immer wieder:

Ring um Ring, Jahr für Jahr,
wächst der Baum, wunderbar.

Wir spüren im Zusammenstehen eine starke Lebenskraft. Viele Lebenserfahrungen verdichten sich. Gutes und schweres Leben kommt zusammen. Das macht reich und stärkt.

WIR SPIELEN ALS GRUPPE DAS LEBEN EINES BAUMES

❍ Ein kurzer Liedvers gibt uns dazu Impulse:

T. u. M.: H. Neubauer

❍ Gedankenimpulse für das Leben des Baumes im Jahreskreis:
Im *Frühjahr* fängt der Baum zu knospen und zu blühen an. Die Blüten duften. Bienen summen um den Baum herum.

Im *Sommer* breitet sich ein dichtes Blätterdach aus. Vögel singen in den Ästen ihre Lieder.

Im *Herbst* reifen die Früchte. Sie werden gepflückt. Der Herbstwind rüttelt und schüttelt den Baum. Äste und Zweige biegen sich. Die Krone beugt sich. Doch der Baum steht fest verwurzelt. Er fällt nicht um. Die Blätter werden bunt, lösen sich vom Baum.

Im *Winter* steht der Baum kahl. Reif und Frost bedecken ihn. Er steht und atmet. Er ruht sich aus. Er sammelt Kraft zu neuem Leben im Frühling.

JEDES KIND GESTALTET SEINEN EIGENEN LEBENSBAUM

❍ Die Kinder erhalten Holzscheibchen als Kern. Darum legen sie mit Schnüren, Wollfäden soviele Kreise wie sie Jahre alt sind.

❍ Sie stellen ihr Alter, ihre Jahresringe in einem Ruf vor, z. B.:
„Fünf Jahre bin ich jetzt schon da. Das ist schön, wunderbar."

❍ Kinder gleichen Alters finden sich zusammen. Sie umrunden ihren „Baum" in soviel Kreisen, als ihr „Baum" Ringe hat.

❍ Jedes Kind darf seinen Baum weitergestalten. Mit kleinen Zweigen, Holzstäben, braunen Kartonstreifen legen wir rund um unsere Holzscheibe die Baumkrone. Mit grünen Filz- oder Kartonblättern beleben wir den Baum, legen Blüten oder Früchte hinein.

❍ Am Ende können wir singen und im Kreis um unsere Bäume tanzen:

❍ Die Erzieherin geht von Kind zu Kind. Sie nennt jedes einzelne Kind beim Namen, die Zahl seiner Jahresringe, seines Alters. Sie gibt den einzelnen Kindern gute Wünsche mit, z. B. Werde groß und stark! Wurzle gut ein! Viel Sonnenschein zum Wachsen!

Guter Gott!
Wir dürfen leben und wachsen, Jahr für Jahr wie ein Baum.
Wir leben auf dieser Erde und wachsen nach oben, strecken uns zum Himmel aus.
Wir möchten groß werden gleich einem Baum und stark und kräftig.
Wir möchten auch gute Früchte bringen wie ein Baum, gute Gedanken, gute Worte und gute Taten.
Wir danken dir für unser Leben.
Laß das Gute in uns wachsen!
Gib uns ein gutes Herz.
Amen.

BÄUME SCHLAGEN AUS

EINFÜHRUNG

Jedes Jahr fasziniert es neu, wie sich nach kahlen, trüben Wintertagen das Leben vor-sichtig, behutsam aus der Gesammeltheit, Enge und Ruhe ins Licht des Frühlings traut.
Mit Staunen entdecke ich – meist bei meinen Fahrten – wie fahle, schmutzige Wegränder mit hängendem Gras und noch alt belaubt, sich neu schmücken, wie da aus alten Grasbüscheln grünendes Leben sprießt.

Wie wäre es, wenn all das eines Jahres nicht mehr geschähe? Wir erkennen ja oft den Wert einer Sache erst, wenn etwas nicht mehr funktioniert. Unsere Gesundheit schätzen wir erst, wenn wir kranke Tage erlebt haben. Um Frieden bemühen wir uns meist dann wieder neu, wenn Unfriede zerstörerisch wirkt. Die Güter unserer Schöpfung; sauberes Wasser, reine Luft, unbelastete Erde ...- heute fragen wir uns, wie wir zur ursprünglichen Gabe zurückfinden? Könnte nicht die Freude und das Staunen an der noch „funktionierenden" Natur auch den Umgang mit ihr ändern?
Wenn ich einen knospenden Blütenzweig streichelnd und liebkosend betrachte, werde ich ihn nicht achtlos brechen oder sogar wegwerfen. Wenn ich eine zarte, duftende Blüte bestaunen kann, werde ich, wenn nötig, dieses Wunder pflegen. Vielleicht entdecke ich dabei in mir selbst, wie Leben zum Erblühen kommt.

Unsere Selbst-verständlichkeiten heißt es zu durchbrechen – denn aus uns selbst können wir Leben nicht verstehen und noch viel weniger „machen". Leben „wird" zu seiner Zeit. So beschreibt es auch Dietrich Bonhoeffer: „Jedes Werden in der Natur, im Menschen, in der Liebe muß abwarten, geduldig sein, bis seine Zeit zum Blühen kommt".
Ob wir solch einen geduldigen Weg begehen können – für uns selbst und mit unseren Kindern?
Wir dürfen es wagen, weil ein über-reich lohnendes Ziel uns verheißen ist.

WIR SCHAUEN EINEN ZWEIG MIT NOCH VERSCHLOSSENEN KNOSPEN

❍ Wir versammeln uns im Kreis. In die Kreismitte wird ein mit grünem Tuch verdeckter Korb gestellt. Er enthält Zweige verschiedener Sträucher und Bäume mit Knospen, die noch verschlossen sind, für jedes Kind einen.

❍ Kinder gehen zur Mitte, fassen in den Korb und erspüren seinen Inhalt mit ihren Händen. Sie sollen auch mit ihren Händen der Gruppe zeigen, was sie „erfaßt“ haben.

❍ Der Korb wird entdeckt, das grüne Tuch rund geformt und in der Mitte des Kreises abgelegt. Jedes Kind empfängt aus dem Korb in der Mitte ein Zweiglein.

❍ Die Kinder betrachten ihre Zweiglein, befühlen sie, erspüren, wie hart oder biegsam der Zweig ist, streicheln über die Knospen usw.

❍ Die Erzieherin verteilt grüne Papierservietten. Die Kinder breiten sie vor ihren Stühlen aus und legen ihren Zweig so ab, daß sie ihn in seiner Breite vor sich liegen haben.

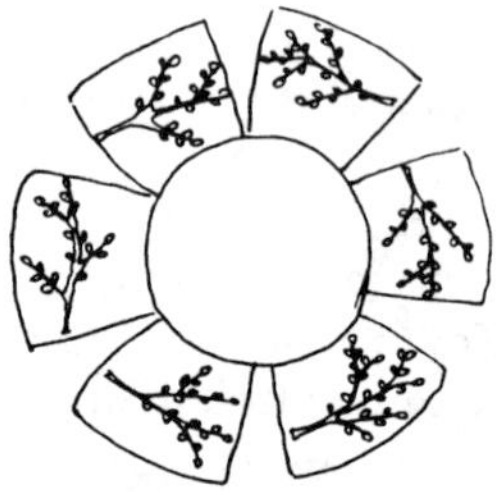

❍ Jedes Kind versucht, seinen Zweig nochmals durch Handgeste darzustellen, seine Verzweigungen, seine Knospen.

❍ Wir horchen, was uns die Zweige erzählen wollen. Ein Lied motiviert uns dazu und ermuntert uns, die Botschaft der Zweige auszusprechen:

z.B.: Ich warte auf die Sonne, den Frühling.
Ich bin noch ganz verschlossen.
In meiner Knospe ist ein Blatt – eine Blüte versteckt.
Bald breche ich auf, usw.

WIR TRÄUMEN VOM VERBORGENEN LEBEN

❍ Wenn wir die Augen schließen, können wir träumen, was aus den Zweigen werden wird. Das Träumen kann auf der Märchenharfe, dem Glockenspiel begleitet werden.
„Noch sind die Zweige wie ohne Leben. Das Leben ist verborgen in den Knospen.Die Frühlingssonne schickt ihre Strahlen Tag für Tag. Sie wärmt

die Zweige und Äste, den ganzen Baum. Saft durchströmt den Baum. Das Leben erwacht. Die Bäume schlagen aus. Es öffnen sich die Knospen. Grüne Blätter, zart und fein entfalten sich und dann Blüten. Der Baum grünt und erblüht.

❍ Während der Erzählung hat die Erzieherin eine Vase mit einem blühenden Zweig (Kirschbaumzweig, etc.) in die Mitte aufs Grün gestellt. Die Kinder werden durch einen Cymbelton aus ihrem Traum geholt.

❍ Wir betrachten den blühenden Zweig. Einzelne Kinder dürfen zur Mitte gehen und ihn, oder eine seiner Blüten, leise berühren.

❍ In einem Lied besingen wir den kommenden Frühling:

T. u. M.: H. Neubauer

WIR GESTALTEN UNSERE ZWEIGE AUS UND VERBINDEN SIE ZU EINEM KRANZ

❍ Es wird entsprechendes „Blütenmaterial“ bereit gestellt (Perlen, Samen…). Die Kinder dürfen ihren Zweig zum Erblühen bringen. Sie gestalten Blüten in ihren Zweig hinein.

❍ Wenn die Zweige, die quer liegen, noch nicht nah miteinander verbunden sind, können wir mit grünen Filzblättern unseren Kranz verbinden.

❍ Wir fassen uns an den Händen, sind selbst wie ein Kranz miteinander verbunden und singen unsere Frühlingslieder. Auf die Melodie des bekannten Liedes „Alle Vögel sind schon da“ läßt sich folgender Text singen:

Alle Bäume blühen schon, sind voll Duft und Leben.
Frühling singt und musiziert, flötet, geigt und jubiliert.
Alle Bäume blühen schon, sind voll Duft und Leben.

PALMKÄTZCHEN – WEIDENBAUM

EINFÜHRUNG

Aufbrechendes Leben hat immer wieder etwas zu tun mit „angerührt sein". Die engen Knospen des Winters werden von den Lebensquellen neu berührt. Die Sonne streichelt Wärme und Licht ins verschlossene Gesicht der Natur. Das Wasser beginnt neu zu fließen und umspült die steif gewordenen Wurzeln. Die laue Luft schmilzt den eisigen Hauch und läßt wieder atmen.

Was sich in der Natur vollzieht, ist immer Bild für mein eigenes Leben. Wenn ich an meinen Sehnsuchtsstellen, die von Leben, Freude und Liebe träumen, angerührt werde, rührt sich auch etwas in mir – öffnet sich etwas zum Leben hin – wird es von Freude bewegt.
Diese „Anrührungen" mögen vielfältig sein: Ein Zulächeln, ein Händedruck, ein mutmachendes Wort, ein zärtliches Streicheln oder eine liebende Umarmung.

Wenn wir mit den Kindern die Weidenkätzchen betrachten, kann uns die Eigenart dieses Frühlingsboten etwas erzählen von Zartheit, Zärtlichkeit, von Berührungen und Feinheiten – und so Hilfe und Wegweisung sein für unseren zärtlichen, feinfühligen Umgang mit allem Leben.

Brauchen nicht wir und unsere Kinder in einer hart gewordenen Welt diese lebensfrohen Zeichen? Wir wissen, wie zerbrechlich Leben sein kann, wie schnell Verletzungen geschehen. So sind wir als Menschen angewiesen auf Zuneigung und zart-fühlendes Verstehen.
Das bedeutet als erstes, sensibel und empfänglich zu werden für solche Berührungs-punkte. Darüber hinaus, den zärtlichen Umgang zu pflegen – um so einen zärtlicheren Gott zu erfahren, der uns immer wieder anrühren will mit seiner Liebe und Treue und nichts anderes für uns bereit hält, als unser Leben – Leben in Fülle!

WIR STELLEN UNS EINEN BAUM VOR

❍ Die Kinder versammeln sich im Kreis. In der Kreismitte werden zwei bis drei braune Rhythmiktücher so ausgelegt, daß sie an einen Baumstamm erinnern.

❍ Die Kinder werden angeregt, die Augen zu schließen und sich vorzustellen, wie sie den Baumstamm mit ihren Händen umschließen und ihn so nach unten zu den Wurzeln und dann wieder nach oben entlangspüren. Oben angekommen, weitet er sich in das Geäst. Wir stellen uns die Äste innerlich vor und zeigen sie mit den Händen.

WIR ENTDECKEN DEN BAUM ALS WEIDENBAUM

❍ Ein verdeckter Korb mit Weidenkätzchen wird in den Kreis gebracht. Die Kinder schließen erneut die Augen. Die Erzieherin weckt sie auf, indem sie jedem Kind mit einem Palmkätzchenzweig zart über die Hände streichelt. Jedes Kind erhält so einen Zweig.

❍ Wir betrachten den Zweig. Ein Impulslied kann uns bei der Betrachtung helfen:

T. u. M.: H. Neubauer

- Vielleicht entdecken wir, daß die Kätzchen unten am Zweig größer sind. Die Kätzchen an der Spitze des Zweiges sind jünger, sie sind später aufgeblüht und noch kleiner.
  Vielleicht sind manche noch mit einer braunen Schutzhülle bedeckt.
- Wir schauen die Farbe an …
- Wir geben etwas von dem geschenkten Streicheln unserem Palmkätzchen wieder. Über jedes Kätzchen können wir einzeln streichen und fühlen, wie zart es ist.
- Wir können die „Streichelkätzchen“ auf unserem Zweig zählen.

❍ Wir schenken einander die Zärtlichkeit des Palmkätzchens.
Ein Kind nach dem anderen streichelt mit seinem Palmkätzchenzweig seinem Nachbarn die Hände.
Damit übermitteln wir etwas Wesentliches.
Etwas, was Blumen und Blüten zu eigen ist.
Beim Palmkätzchen können wir es besonders erspüren:
Zartheit, Zärtlichkeit, Berührung.
Im Tun mag den Kindern etwas von der Eigenheit der Dinge selbst zu eigen werden. Sie mögen intuitiv spüren, daß wir in unserem Leben auf die verschiedensten Weisen angerührt werden, um so dem Wesen der Dinge auf die Spur zu kommen und selbst wesentlich zu werden.

WIR GESTALTEN EINEN WEIDENBAUM

❍ Die Kinder legen ihre Palmkätzchenzweige an den „Stamm“ und gestalten so seine Krone aus.

Dazu können wir singen:

T. u. M.: H. Neubauer

❍ Wir hören vom Besuch am Weidenbaum, den Bienen und Hummeln. Wir lassen sie summen, indem reihum ein Kind nach dem anderen einen Summton aufgreift. Wie das Summen anschwillt, ebbt es auch wieder ab.

❍ Wir können mit Holzplättchen, Muggelsteinen und anderem Legematerial die Bienen und Hummeln rund um unseren Weidenbaum gestalten.

REICH AN FRÜCHTEN IST DER HERBST
DER NUSSBAUM BESCHENKT TIER UND MENSCH

EINFÜHRUNG

Den Herbst mit seinem Reichtum, mit seinen Früchten zu erschauen, ist uns in der Kindergartenarbeit meist eine besondere Freude. Da ist so vieles, was vom Leben erzählt und was so recht nach der Art der Kinder ist.

In der nachfolgenden „Herbst-Einheit" ist uns die Nuß ein Zeichen geworden. Diese „eigen-artige" Frucht will entdeckt werden. Wir haben den Zugang über das sammelnde Eichhörnchen und seiner Höhle gesucht.
Wir wollen durch diese Frucht erspüren, an mir und in mir gibt es „Eigenarten" ganz ähnlich der Nuß.
Oft habe ich eine harte Schale – aber das darf, ja muß vielleicht so sein, um mein Wesen, mein Inneres nicht den rauhen Winden auszusetzen und zu verletzen. Denn der gute Kern in mir muß wachsen und reifen können.
Zur rechten Zeit, wenn es jemand mit mir gut meint und wirklich mich und meinen Kern sucht, kann die harte Schale aufgebrochen werden.

Für unsere Kinder gilt es, sie immer wieder nach innen schauen zu lassen – ihr Inneres zu stärken, an ihren guten Kern zu glauben, ihn zu nähren und zu bewahren, bis die rechte Zeit des „Aufbruchs" gekommen ist. Der Weg „Frucht zu werden" und „Frucht zu bringen" bedarf langer Reifungsprozesse, damit am Ende auch wirklich „Frucht" gewachsen ist und nicht nur harte Schalen zurückbleiben.

Die aufgezeigte Einheit ist komplex. Sie hat sich durch Impulse von Seiten der Kinder ausgebildet. Ihre Durchführung bedarf sicher eines längeren Zeitraumes. Durch das Mitspielen der Kinder und ihre Einfälle wird sie sicher auch Änderungen erfahren. Auf solche Einfälle eingehen heißt, situationsorientiert arbeiten.

WIR ENTDECKEN EINE HÖHLE

- ❍ In der Kreismitte wird aus zwei bis drei braunen Rhythmiktüchern ein Gebilde gestaltet, das in den Kindern die Vorstellung von Berg, Höhle weckt.

- ❍ Wir einigen uns auf „Höhle" und spielen leibhaft, wie eine Höhle umschließt, umfängt, birgt.
  Wir können dieses Spiel fortführen, indem wir zu zweit, zu dritt und schließlich als ganze Gruppe Höhlen darstellen.

❍ Wir überlegen, wer in Höhlen wohnt: Zwerg, Wolf, Fuchs, Bär, Igel, Maus, Eichhörnchen. Wir spielen mit einem Teil der Kinder Höhle, der andere Teil wohnt darin als Zwerge, Wölfe, Füchse, Mäuse, Eichhörnchen etc. Wir spielen und besingen in einem Lied, was die Tiere tun:

T. u. M.: F. Kett

2. Der Fuchs, der schleicht jetzt durch den Wald, schleicht hin und wieder her, und alle Füchse schleichen mit, das Schleichen ist nicht schwer.
3. Der Igel schnüffelt durch den Wald, er schnüffelt hin und her, und alle Igel schnüffeln mit, das Schnüffeln ist nicht schwer.
4. Eichkätzchen hüpft von Ast zu Ast, hüpft hin und wieder her, und alle Kinder hüpfen mit, das Hüpfen ist nicht schwer.

❍ Material wie Tücher, Wollfäden, Blätter, Rinde, Wurzeln, Stroh, Zauberwolle und anderes wird bereitgestellt, soweit vorhanden auch entsprechende Holztiere. Die Kinder gestalten für jeweils ein Tier eine Höhle. Dazu singen wir:

T.: 1. u.2. Strophe entnommen aus dem Bilderbuch: Wo schlafen Tierkinder
M.: unbekannter Herkunft

2. Wo schlafen Mäusekinder, wo, wo, wo? In Winkeln schlafen sie. In heimlichen Gängen, in die Wurzeln hängen, so träumen und schlafen sie.

❍ Schließlich können wir mit Decken, Tischen, Stühlen selbst Höhlen bauen und darin als Mäusekinder, Igelkinder, Bärenkinder schlafen. Die Erzieherin führt die Kinder in eine entsprechende Vorstellung und Haltung hinein:

Die Tiere spüren, der Winter kommt.
Sie suchen sich einen Platz.
Sie bauen sich eine Höhle.
Dann legen sie sich hinein.
Sie rollen sich ein.
Sie werden ganz still – sie schlafen ein.
Die Tiere spüren keine Kälte – keinen Frost – keinen Schnee.
Sie liegen in ihrer Höhle – ruhig und warm.
Sie schlafen und träumen.
Sie liegen ganz still.
Sie schlafen eine lange Zeit – den ganzen Winter.

Der Frühling kommt.
Die Sonne wärmt die Erde.
Die Strahlen dringen in die Höhle.
Die Tiere spüren die Wärme.
Das Fell wird warm.
Durch das Fell dringt die Wärme.
Die Tiere wachen auf.
Sie dehnen und strecken sich.
Sie schauen aus ihrer Höhle heraus.
Sie kommen heraus und beginnen wieder zu leben.

WIR ENTDECKEN NÜSSE

❍ In der Höhle wird ein Körbchen mit Nüssen (Haselnüssen od. Walnüssen) versteckt. Die Kinder dürfen einzeln kommen und sich aus dem Korb ein „Geheimnis" holen – es in der Hand verborgen an ihren Platz tragen – dort ganz allein das „Geheimnis" schauen und für sich behalten.

❍ Wenn alle Kinder ihr Geheimnis geholt haben, zeigen sie es einander.

T. u. M.: H. Neubauer

So teilen die Kinder mit, was sie von der Nuß schon wissen, was sie erspüren...: „Ich bin eine Haselnuß“. – „Ich bin eine Walnuß“. – „Ich komme vom Walnußbaum“. – „Ich komme vom Haselnußstrauch“. – „Ich habe eine harte Schale“. – „Ich habe einen Kern“. – „Meinen Kern kann man essen“...

❍ Wir überlegen, wer die Nüsse wohl versteckt hat, wer den Vorrat für den Winter angelegt hat: eine Maus, ein Hamster, ein Eichhörnchen. Vielleicht haben wir ein „Eichhörnchen“, das wir zur Höhle stellen können.

❍ Die Erzieherin hat eine ältere Nuß (vom Vorjahr) aufgehoben. Beim Schütteln kann man den Kern in der Schale hören. Wir lassen diese Nuß im Kreis wandern. Unter Augenschluß können wir uns besser auf das Hören konzentrieren.

❍ Wir probieren, unsere Nuß zu knacken. Ein Nußknacker hilft uns dabei.

❍ Wir essen unsere Nüsse. Wir schmecken den guten süßen Kern. Wir können dazu einen Nußknackervers singen:

T. u. M.: H. Neubauer

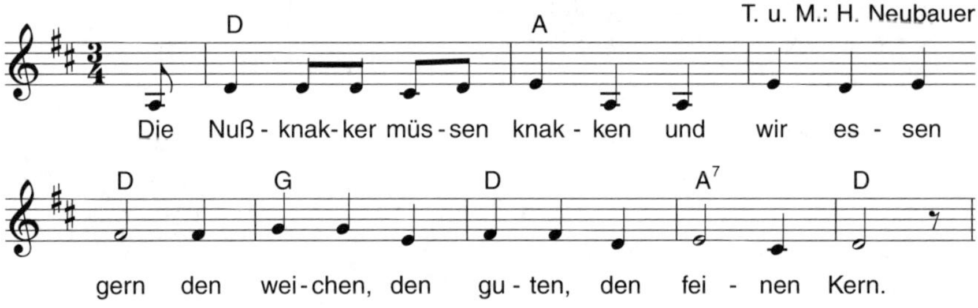

WIR SPIELEN – GESTALTEN EINEN NUSSBAUM

❍ Wir spielen den Nußbaum als Gruppe.
Einzelne Kinder stellen den Stamm dar.
Die anderen Kinder sind die Äste, Zweige.
Sie haben Walnüsse in der Hand.
Wir hören, wie die Walnüsse fallen.
Wir spielen selber Walnüsse, die zur Erde fallen, dort liegen bleiben mit harter Schale und gutem Kern.

❍ Die Erzieherin geht von Kind zu Kind, die als „Nüsse“ am Boden liegen. Sie befühlt die „harte Schale“ und spricht vom weichen Kern, der in jeder Nuß steckt. Sie gebraucht für diesen Kern Begriffe wie Herz, Seele; daß wir lachen, weinen können, uns freuen und traurig sein können; daß wir lieben können und Gutes tun.

Textvorschlag:

Wir sind vom Nußbaum gefallen.
Wir liegen am Boden, im Gras.
Wir liegen ganz still.
Wir haben eine Schale, die schützt, umhüllt.
Sie ist hart und fest, nicht jeder kann sie öffnen.

Die Kinder machen sich hart, fest, steif.
Die Erzieherin spürt dem bei den einzelnen Kindern nach.

Drinnen aber, in der Schale ist etwas Gutes, Weiches, der Kern.
Wir horchen und schauen in uns hinein und werden wieder locker, weich.
Wir spüren ganz tief, bis in unsere Mitte hinein.
Ob wir unseren guten Kern entdecken?
Was ist der gute Kern? Unser Herz, unsere Seele?
Daß wir lachen und weinen können?
Daß wir froh sind und manchmal traurig?
Daß wir lieben können und manchmal Gutes tun, einander helfen und trösten?
Nach außen zeigen wir manchmal eine harte Schale.
Drinnen aber sind wir weich und gut.

❍ Die Übung endet mit einem Lied, das die Erzieherin für und über die Kinder singt:

T. u. M.: H. Eder

❍ Alle „Nüsse Kinder“ werden eingesammelt. Die Kinder gestalten gemeinsam um die Höhle des Eichhörnchens den Nußbaum mit Stamm – Wurzeln – Ästen – Zweigen – Blättern – Nüssen. Dazu können wir singen:

T. u. M.: F. Kett

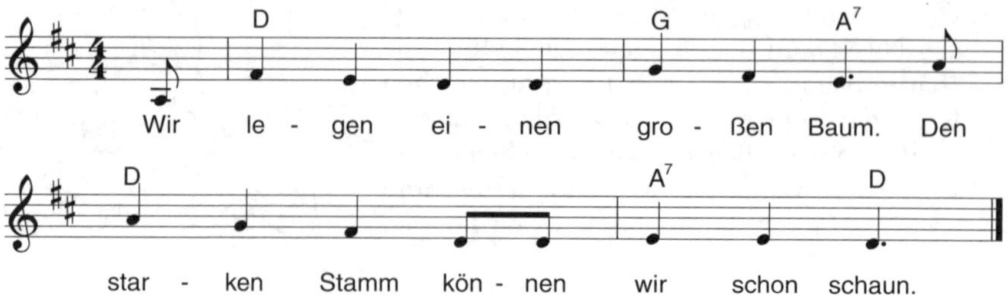

…Viele Äste, Zweige können wir schon schaun.
…Viele, viele Blätter können wir schon schaun.
…Viele, viele Nüsse können wir schon schaun.

BLÄTTER FALLEN

EINFÜHRUNG

Wenn uns der frühe Herbst mit seiner Farbenpracht, mit seinem lichtgoldenen Glanz „gefangenhält“ – so will uns der späte Herbst mit seinen fallenden Blättern gerade etwas anderes aufzeigen. Nicht „Fest-halten“ oder „Fest-machen“ verhilft ins Leben, sondern „los-lassen“, „sich lösen können“.

Ein Vorgang, der uns fürs eigene Leben angewandt, Angst macht.
Was wir für den Naturprozeß des Werdens und Vergehens eines jeden Blattes akzeptieren, nehmen wir es auch für unser eigenes Leben?
Wollen wir nicht Liebgewordenes behalten? Da sind unsere Kinder, Freunde, liebe Menschen, auch Aufgaben oder Güter. Sie sind uns ans Herz gewachsen, Teil von uns geworden – und wir sollen alles wieder hergeben – freigeben?
Das schmerzt! Das tut weh!

Doch andererseits – könnte nicht zu viel an Liebgewordenen auch zur Last werden? Da gibt es dann keinen Raum mehr für Neues. Wenn wir nichts abgeben, können wir nichts Neues aufnehmen.
Der Baum zeigt es uns: Wenn seine Blätter fallen, warten schon die neuen Knospen. Es fällt nichts, ohne daß Neues wird. Das geschieht sicher unter Schmerzen. Doch Altes stirbt und das ist Anfang für Neues. Ein großartiger Kreislauf! Vielleicht müssen wir wirklich Jahr für Jahr die immer gleichen Naturerfahrungen machen, um uns als Teil derselben in den großen Kreislauf des Vergehens und Werdens ein-lassen zu können.

Und für unsere Kinder gilt es, in diesen Prozeß hineinzuwachsen! Die Thematik füllt sicherlich wieder einen längeren Zeitraum aus.

WIR SCHAUEN WELKE BLÄTTER

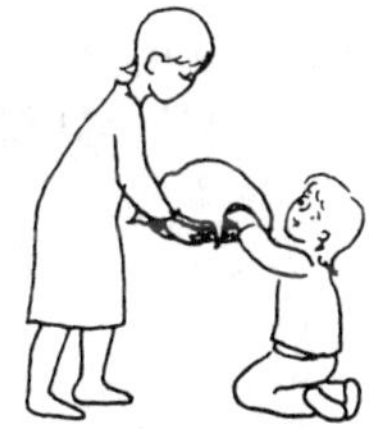

- In einem Korb haben wir welke, dürre, aber auch bunte Blätter gesammelt. Mit einem braunen Tuch verdeckt, bringen wir den Korb in den Kreis. Die Erzieherin läßt einzelne Kinder in den Korb hineinfassen. Wir können etwas hören. Wie hört es sich an? Finden wir Worte für das Geräusch? (knistern, knacken, wie Kartoffelchips essen…)

- Wir rascheln nochmals in den Korb hinein. Wir schließen die Augen und stellen uns vor, wie wir durch raschelndes Laub gehen; wie wir uns die Blätter zuwerfen ...

❍ Wir fangen ein Blatt: Die Erzieherin steht in der Mitte. Sie schaut ein Kind an und läßt ein Blatt von hoch oben fliegen. Das Kind versucht, das Blatt aufzufangen. Wir spielen so lange, bis jedes Kind ein Blatt in der Hand hält.

❍ Wir schauen das Blatt an – lassen es erzählen:
Ich bin trocken.
Ich bin dürr.
Mir ist kalt.
Ich zerbreche leicht.
Ich habe die Farbe der Erde ...
Das Lied: „Sei einmal ganz leis", Heft S. 32 kann als Erzählimpuls dienen.

❍ Wir vergleichen ein Ahornblatt mit unserer Hand. Das Blatt liegt auf meiner Hand. Es spricht mich an:

Ich schaue deiner Hand ähnlich. Meine Blattspitzen liegen auf deinen Fingerspitzen. Mein Stiel zeigt hinauf zu deinem Arm.
Ich hing mit meinem Stiel am Zweig. Dein Arm hängt an deinem Körper. Mein Stiel ist jetzt von meinem Zweig losgelöst. Ich mußte Platz machen, weil sich schon eine neue Knospe gebildet hat. Dein Arm ist mit dem Leib verbunden, lebendig. Blut, Lebenssaft durchfließt deine Hand. Meine Lebensadern sind schon vertrocknet. Ich bin rauh und hart. Deine Hand ist weich und warm.

WIR LASSEN DIE BLÄTTER LOS – WIR SCHAUEN, WOHIN SIE FALLEN

❍ Wir lassen unsere Blätter fallen:
Wir fassen unser Blatt am Stiel. Die Erzieherin berührt ein Kind mit der Hand oder auch mit einem Blick. Dieses Kind läßt sein Blatt von oben fallen, läßt es los.

Wir hören, wie jedes Blatt fällt.
Wir schauen und beobachten die verschiedenen Weisen des Fallens.
Wir finden dafür Worte, Begriffe: segeln, schaukeln, tanzen, wehen...
Wir sehen, daß jedes Blatt anders fällt, sein eigenes Fallen hat.
Jedes Kind kennt sein Blatt und merkt sich, wo es hingefallen ist.

❍ Wir betrachten unsere am Boden liegenden Blätter.
Wohin sind unsere Blätter gefallen? Jedes Blatt fällt auf die Erde – auf den Boden. Nichts fällt ins Bodenlose. Nichts kann so tief fallen, daß es nicht aufgefangen wird. Sogar jedes Blatt wird aufgefangen, gehalten vom Boden, von der Erde. Die Erde wartet draußen schon auf die Blätter. Sie ist ganz bereit, die Blätter aufzunehmen. Sie sagt: „Kommt wieder zu mir! Aus mir seid ihr gewachsen. Fallt wieder in mich hinein. Ich nehme euch wieder auf."

WIR „BEERDIGEN" UNSERE BLÄTTER

❍ Erde in einer großen Schale, bzw. in einem braunen Tuch eingeschlagen, wird enthüllt. Die Kinder fassen in die Erde, erspüren ihre Feuchtigkeit, Schwere, Kühle, Lockerheit…

❍ Wir übernehmen es in den Leib, in unsere Hände, wie sie locker ist, still daliegt, offen ist, bereit zu empfangen, wartend, was in sie hineinfällt.

❍ Die Kinder nehmen ihre Blätter nochmals vom Boden auf. Jedes Kind wird Baum, Ast, Zweig, der ein welkes Blatt trägt. Es darf bestimmen, ob es das Blatt selbst fallen lassen will, bzw. ob es der Wind vom Ast lösen soll. Das Blatt löst sich und fällt zur Erde (Erdschale).
Als Vers kann dazu gesungen werden:

T. u. M.: H. Neubauer

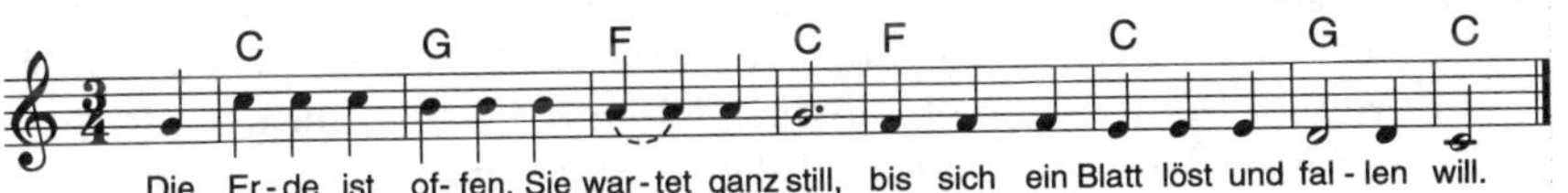

❍ Die Erzieherin bedeckt die Blätter mit Erde, „be-erdigt" sie. Diese Geste kann Kinder ermutigen, von ihren Erfahrungen von „Beerdigen" zu reden.
Ein Lied beschreibt den Prozess:

T. u. M.: F. Kett

2. Ein Blatt ist gefallen, sag was wird aus ihm? Ich werde vergehen und Erd' wird aus mir.

WIR SPIELEN LEIBHAFT: LOSLÖSEN – FALLEN – AUFGEFANGEN WERDEN

Was wir an den Blättern beobachtet haben, kann zu einer Lebenserfahrung für uns werden.
Der Prozeß von Fallen und Aufgefangenwerden ist ein Lebensprozeß, wiederholt sich aber in vielen kleinen Schritten in unserem Leben, vielleicht tagtäglich, bis wir unser letztes Fallen annehmen können.
In der Identifikation mit Blatt und Erde spüren die Kinder beide Anteile in sich.

❍ Ein Teil der Kinder spielt die Erde. Der andere Teil der Kinder spielt die Blätter. Die „Erdkinder" sitzen am Boden. Sie sind wie die Erde bereit, die Blätter aufzunehmen. Ihre Haltung ist wie eine offene Schale. Die „Blätterkinder" hängen noch am Baum, stehen mit der Erzieherin in Körperkontakt. Diese gibt einzelnen Kindern durch Blickkontakt oder über eine Holzblocktrommel das Zeichen sich vom „Baum" zu lösen.

Sie kommentiert das Tun:
Die Blätter bekommen vom Baum keinen Saft mehr. Sie lösen sich vom Baum. Jetzt sind sie frei. Der Wind läßt sie tanzen, wirbeln. Sie drehen sich im Kreise. Sie fallen zur Erde. Die Erde wartet. Sie nimmt sie auf. Sie sagt: Komm zu mir. Ich umhülle dich. Ich umschließe dich. Bei mir darfst du ausruhen. Bei mir findest du Ruhe. Werde ganz still.
Ja, so werden die Blätter von der Mutter Erde aufgenommen. Sie können sich auslassen, loslassen. Sie werden wieder selbst Erde.

T. u. M.: H. Neubauer

WIR SPIELEN DEN LEBENSPROZESS DES BLATTES WEITER

Wir regen jeweils die Kinder „Erde und Blatt“ an, zu überlegen, was aus ihnen wachsen soll.
Es kommt der Frühling, die Sonne scheint. Die Erde erwärmt sich. Sie trinkt den Frühjahrsregen. Da wächst aus der Erde wieder neues Leben: Gräser, Blumen, Sträucher, Bäume...

❍ Während der Erzählung geht die Erzieherin zu den Kindern
  - streichelt über sie und ist wie die wärmende, lockende Sonne,
  - spielt die Regentropfen, die auf die Kinder fallen und ist wie der stärkende Regen,
  - weht und bläst wie der Frühjahrswind und ist wie Luft und Atem.

❍ Die Kinder strecken sich, wachsen und werden. Wir schauen und erzählen uns, was neu gewachsen ist.

❍ Wir singen unser Lied (S. 50) weiter:
3. Du, Erde, sag uns doch, was wird nun geschehn?
   Aus mir wird es keimen und Neues entstehn.
4. Aus mir wird es wachsen, es ist das kein Traum,
   mit Ästen und Zweigen und Blättern eine Baum.

WIR GESTALTEN DAS NEUE LEBEN

❍ Die Kinder gestalten auf einer Unterlage, Tonpapier, Plakatkarton bzw. Rhythmiktuch aus, was in ihrer Vorstellung gewachsen ist.

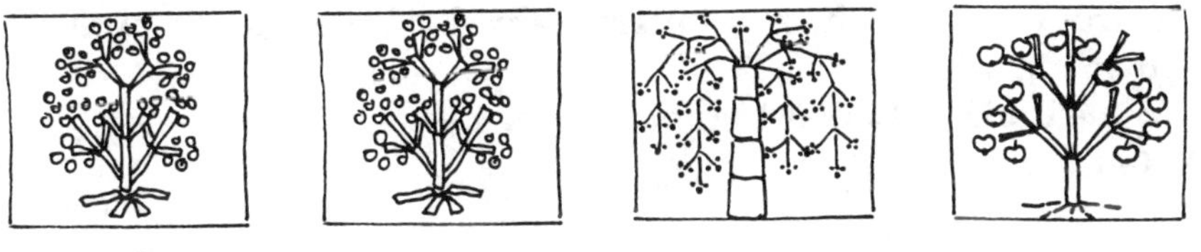

❍ Wir können aber auch von der in der Kreismitte liegenden Erde ausgehen und sie umstalten, so daß ein Mandala entsteht, ein Bild, das umfassend und integrativ die Elemente des Lebens beinhaltet:

Der Frühjahrsregen durchtränkt die Erde.	*Wir legen mit blauen Tüchern einen Wasserkreis um die Erdschale.*
Der Frühjahrswind durchlüftet die Erde.	*Wir legen mit Seidentüchern einen Luftkreis.*

Die Frühjahrssonne durchwärmt die Erde.

Wir legen mit gelben Tüchern einen Sonnenkreis.

So wächst aus der Erde neues Leben.

Die Kinder gestalten rund um die Mitte individuelle Wachstumsbilder.

Wir beten:

Guter Gott!
Es ist Herbst, die Blätter fallen.
Der Baum hat sie losgelassen.
Sie machen den neuen Knospen Platz.
Wenn Neues wird, muß Altes vergehen.
Was aus der Erde hervorkommt, wird wieder zu Erde.
Aber jedes Frühjahr zeigt die Erde neu ihre Kraft, eine Kraft, die du ihr schenkst, damit neues Leben entstehen kann.
Wir danken dir, guter Gott!
Du bist es, der alles Leben schenkt und wieder zurücknimmt.
Wir freuen uns auch, daß im Frühjahr die Erde wieder bunt und schön wird.
Laß auch unser Leben immer wieder neu werden.
Amen.

BÄUME IM NEBEL
Texte und Melodien: Thomas Brunnhuber

EINFÜHRUNG

Geschichten entstehen sehr oft im Gespräch. So war es auch in diesem Fall. Eine über achtzigjährige Freundin, Frau Dr. Sophia Hollweck, die Lehrerin an einem Neumarkter Gymnasium (Oberpfalz, Bayern) war, hat mir vor gut neun Monaten zwei Dinge erzählt, die für sie bedeutend sind. Zum einen das Gedicht von Hermann Hesse "Im Nebel" (siehe unten) und zum anderen ein Erleben aus Kindertagen: Sie sollte Schafhirten etwas zum Weideplatz bringen und wurde von einem dicken, grauen Nebel überrascht. Der Nebel war so arg, daß sie sich nicht mehr orientieren konnte. Nur die bekannten Laute der Nebelkrähen aus der Ferne wiesen ihr den Weg zurück nach Hause. In ihrem langen Leben hat sie nie mehr so eine dicke, graue „Nebelsuppe" erlebt. Es war etwas Einmaliges.
Ich meinte, man müsse daraus etwas machen und so entstand in groben Zügen zunächst das Nebellied „Der Nebel kriecht über's Land" und der zweite Textteil der Erzählung, die eigentliche Nebelgeschichte. Schließlich erdachte ich noch das Freundewerden der zwei Bäume durch die Tiere.
Als das „Werk" dann in der Rohfassung fertig war, gab ich es einem befreundeten Maler, Herrn Fritz Maier, der in der Nähe von Cham in der Oberpfalz wohnt, zum Durchlesen. Ich bin ihm sehr dankbar, daß er diese Geschichte in so eindrucksvoller und einmaliger Art illustriert hat.

„Bäume im Nebel" ist eine Freundschaftsgeschichte. Sie zeigt, wie eine Freundschaft beginnen, wachsen, sich entfalten und gelingen kann. Zwei beginnen sich näher zu kommen, Freunde zu werden, wenn sie etwas Verbindendes haben: ein Hobby oder eine Vorliebe, worüber beide sich gemeinsam freuen können. Wo dies fehlt, kann Freundschaft nicht wachsen. Man wird sich nur vom Sehen kennen, aber man hat miteinander „nichts zu schaffen".

Für Kinder sind Freunde wichtig. Zu beobachten ist, daß beim Kind die Einstellung zu einer Freundschaft zunächst eher eigennützig ist: Was nützt mir der andere? Ein Freund ist, wer mir etwas „bringt". So ist ein „Freund" gerade recht, wenn ich alleine und gelangweilt bin, wenn ich jemanden zum Spielen brauche (als „Zu-Spieler", der mir „zuspielt", aber nicht als „Mit-Spieler", der mir „mitspielt"!). In der Kindheit wimmelt es daher von „Freunden" und „Freundinnen". Mit dieser Feststellung will ich aber auf keinen Fall diese Art von Freundschaft moralisch werten. Es geht nicht um ein „besser" oder „schlechter"; es geht in der Weiterentwicklung um ein „anders" oder „mehr"! So sollte sich die Qualität der Freundschaft immer mehr entfalten. „Freundschaft" muß mehr bedeuten! Und das bringt die Nebelgeschichte zum Ausdruck.

Ein Lehrerkollege sagte mir einmal, daß man sich glücklich schätzen kann, wenn man in der Stunde der Not noch einen Freund an seiner Seite hat. Und da hat er recht. Lehrt nicht gerade das Gleichnis vom verlorenen Sohn: Gib acht! Solange du den anderen etwas bieten kannst, hast du Freunde. Geht dir das Geld, die Geduld, die Gesundheit, die Schaffenskraft aus und bist du so stachelig wie ein Igel oder hast du womöglich noch beißende Flöhe in deinen Gedanken, dann kann es dir passieren, daß du allein dastehst.
Genau das hat Hermann Hesse in seinem Gedicht „Im Nebel" eindrucksvoll geschrieben:

„Seltsam, im Nebel zu wandern -
Einsam ist jeder Busch und Stein,
Kein Baum sieht den andern,
Jeder ist allein.
Voll von Freunden war mir die Welt,
Als mein Leben noch licht war;
Jetzt – da der Nebel fällt,
Ist keiner mehr sichtbar."

Wir wollen den Kindern mit der Geschichte „Bäume im Nebel" eine Sicht von Freundschaft nahebringen, die durch das Leben trägt. Es soll uns und den Kindern deutlich werden, daß Freundschaft etwas sehr Kostbares und so zerbrechlich wie eine Seifenblase ist:

„Kleine bunte Seifenblase,
fliege durch die Welt!
Paßt gut auf! Gebt gut acht,
daß sie nicht zerschellt,
paßt gut auf, gebt gut acht,
und nicht zusammenfällt!
Zart wie eine Seifenblase
fängt die Freundschaft an,
Paßt gut auf, gebt gut acht,
daß sie wächst, und dann ...
paßt gut auf, gebt gut acht,
nicht mehr zerbrechen kann!"

(Rolf Krenzer, aus: Gottes guter Segen. 201 religiöse Lieder für Kindergarten, Schule und Gottesdienst. Lahn-Verlag Limburg)

GESTALTUNG
siehe auch RPP 88-2-17: Vom Baum Wissenswertes lernen

Hinführende Spiele

❍ Einen Rhythmikreifen rollen lassen. Manchmal rollt er zu jemanden, den man gar nicht „im Blick“ hatte. Derjenige, der leer ausgegangen ist, kann verschieden reagieren: Entweder läuft er hin und reißt den Reifen an sich. Oder er kann sich mitfreuen, weil der andere sich freut. Ein Freund ist, wer sich mit dem anderen mitfreuen kann und nicht neidisch ist.

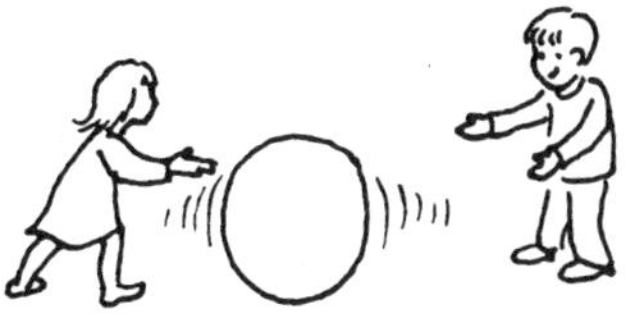

❍ Das Eichhörnchenspiel: Jedes Kind erhält 13 Nüsse, die es in zwei Minuten verstecken soll (alle zusammen, portionsweise oder einzeln). Die Verstecke sollen günstig liegen, damit sie in „Notzeiten“ schnell erreichbar sind. Sie müssen aber so gut sein, daß andere Eichhörnchen sie nicht entdecken und plündern können. Im Dezember ist es sehr kalt und das Eichhörnchen hat viel Hunger. Es sollen zwei Nüsse in zwei Minuten gesammelt werden. Im Januar schneit es stark und es braucht vier Nüsse in zwei Minuten. Ebenso braucht es vier im Februar. Im März soll es die restlichen drei Nüsse bringen. Ob alle Kinder flinke Eichhörnchen sind?

❍ Wir gestalten mit verschiedenen Legematerialien zwei Bäume (Nuß- und Ahornbaum) als Bodenbilder, die sich so gegenüber liegen, daß die Baumkronen zueinander und die Wurzeln voneinander weg zeigen.
Die Kinder legen die Bäume mit den entsprechenden Blättern und Früchten aus.

❍ Von einem Baum zum anderen stellen wir uns in Gedanken einen Weg vor. Diesen Weg gehen wir, einmal sehend, ein anderesmal blind geführt. Dabei achten wir auf die Schritte. In unserer Geschichte sind es viele!

DIE GESCHICHTE – 1. TEIL

Auf einer Wiese waren einmal zwei Bäume: ein Nußbaum und ein Ahornbaum. Sie standen nicht dicht beieinander. Von einem Baum zum anderen mußte man viele Schritte gehen.

Ein Kind geht nochmals den Weg von einem Baum zum anderen ab – evtl. auch unter Augenschluß.

Sie standen da und kannten sich nur vom Sehen. Sie konnten sich ja nicht besser kennen, denn da gab es nichts Gemeinsames zwischen ihnen, das sie verband.

T. u. M.: T. Brunnhuber

Eines Tages kam ein Vogel zum Nußbaum geflogen und landete auf einem seiner Äste.

Eine Vogelfigur oder eine Vogelzeichnung wird in die Baumkrone gelegt.

„Hast du etwas dagegen, wenn ich zwischen deinen Zweigen mein Nest baue?" fragte er den Baum.
„Nein!" sagte der Nußbaum. „Nur zu, bau' dein Nest hier bei mir! Ich freue mich, daß du da bist. Und vor allem: Sing' dein Lied! Ich höre es so gerne, wenn ein Vogel singt und pfeift!"

Wir gestalten in den Zweigen des Nußbaumes ein Nest aus Wollfäden.

Und während der Vogel sein Nest baute, sang er sein Lied:

T. u. M.: T. Brunnhuber

Der Vogel sang und pfiff so herrlich schön, daß der Ahornbaum auf der anderen Seite ganz aufmerksam zuhörte:

<u>LIED: Piep, so singe ich</u>

Nach jedem Lied rief der Ahornbaum laut: „Bravo! Bravo! Bravo! Das war ein Lied! So hell wie die Sonne und so klar wie die Luft! Bravo! Bravo! Bravo!"

Die Kinder wiederholen stets diesen Ruf: „Bravo! Bravo! Bravo!"

Und weil beide Bäume eine große Freude an Vogelliedern hatten, kamen sie sich viel, viel näher. Natürlich blieben sie an ihrem Platz stehen, sie waren ja fest verwurzelt. Ich meine, sie gingen in ihren Herzen aufeinander zu.

Als Ausdruck des Sich-näher-Kommens legen wir, von beiden Bäumen (Wurzelstöcken) ausgehend, einen Weg aufeinander zu: Je ein gelbes Rhythmiktuch wird an den beiden Wurzelstöcken angelegt und mit Legeteilen geschmückt. Dazu singen wir das Lied:

T. u. M.: T. Brunnhuber

2. TEIL

Der Nußbaum hatte also einen Vogel als Gast. Und der Ahornbaum?

Eines Morgens, als die Nacht verschwunden war, bekam der Ahornbaum Besuch: eine Eule.

Eine Eulenfigur oder eine Eulenzeichnung wird in die Baumkrone gelegt.

„Uhu! Uhu! Uhu!" rief die Eule müde. „Sag' mir, Ahornbaum: Darf ich hier auf deinem Ast sitzen bleiben und mich den Tag über bei dir ausruhen? Ich bin ja so müde!"
„Ja, natürlich!" sagte der Ahornbaum. „Ruhe dich aus hier bei mir. Ich freue mich, daß du da bist!"
„Uhu! Uhu! Uhu! Besten Dank!" sagte die Eule. „Ich erzähle dir heute Abend, wenn es dunkel wird, schöne und spannende Geschichten."
„Ei, das ist schön!" rief der Ahornbaum. „Ich freue mich darauf!"
Ja, wißt ihr: Eulen sind kluge Tiere. Sie wissen ungeheuer viel. Und so war eine Geschichte spannender als die andere.

T. u. M.: T. Brunnhuber

Und weil es zu der Zeit, da die Eule ihre Geschichten erzählte, schon recht still war, hörte auch der Nußbaum auf der anderen Seite gespannt zu.

Nach jeder Geschichte rief er: „Bravo! Bravo! Bravo! Das war eine Geschichte! Bravo! Bravo! Bravo!"
Und weil beide Bäume eine große Freude an Eulengeschichten hatten, kamen sie sich viel, viel näher. Natürlich blieben sie an ihrem Platz stehen, sie waren ja fest verwurzelt. Ich meine, sie gingen in ihren Herzen wieder ein Stückchen aufeinander zu.

Als Ausdruck des Sich-näher-Kommens wird von beiden Bäumen (Wurzelstöcken) ausgehend, der Weg zueinander weiter ausgebaut. Zwei gelbe Rhythmiktücher werden angelegt und mit Legematerial – Freundschaftszeichen geschmückt.

LIED: Du, ich freue mich

3. TEIL

An einem anderen Morgen hörte man unter dem Nußbaum mit dem Vogelnest ein leises Knacken. Was wird das wohl sein? Beißt da jemand eine Nuß auf? Wer kann denn das nur sein?...
Natürlich, es war ein Eichhörnchen!

Eine Eichhörnchenfigur oder eine Eichhörnchenzeichnung wird an den Stamm des Nußbaumes gelegt.

Es saß am Boden und war gerade dabei, die Nuß aufzuknacken. Da schaute es zum Baum hoch und rief mit lauter Eichhörnchenstimme: „Hallo, hallo, hallo, Nußbaum! Hast du etwas dagegen, wenn ich deine Nüsse probiere?"
„Nein, natürlich nicht!" sagte der Nußbaum. „Nimm dir, was du brauchst! Ich freue mich, daß du da bist!"
„Darf ich auch auf deinen Ästen und Zweigen turnen und springen?"
„Ja, sehr gerne!" sagte der Nußbaum. „Nur zu, springe nach Herzenslust, so wie du magst. Ich freue mich darauf!"
Und das Eichhörnchen knabberte an den Nüssen und turnte und sprang in den Zweigen umher.

Das Eichhörnchen turnte und sprang so gut und machte so tolle Luftsprünge, daß der Ahornbaum auf der anderen Seite voll Freude rief: „Bravo! Bravo! Bravo! Das war ein Sprung! Bravo! Bravo! Bravo!"
Und weil beide Bäume eine große Freude am Turnen und Springen des Eichhörnchens hatten, kamen sie sich viel, viel näher. Natürlich blieben sie an ihrem Platz stehen, sie waren ja fest verwurzelt. Ich meine, sie gingen in ihren Herzen wieder ein Stück aufeinander zu. Sie wurden Freunde.

Als Ausdruck des Sich-näher-Kommens wird, von beiden Bäumen (Wurzelstöcken) ausgehend, der Weg zueinander ausgebaut. Weitere zwei gelbe Rhythmiktücher werden angelegt und mit Freundschaftszeichen geschmückt.

LIED: Du, ich freue mich

4. TEIL

So hatte der Nußbaum einen Vogel und ein Eichhörnchen als Gäste. Und der andere Baum? Der Ahornbaum mit der Eule?

Der hörte an einem Morgen auch etwas: ein eigenartiges Schnüffeln und Rascheln zwischen seinen Blättern, die am Boden lagen.
Wer kann das nur sein? Es war ein Igel, der für die kalte Jahreszeit ein Zuhause suchte.

Eine Igelfigur oder eine Igelzeichnung wird an den Stamm des Ahornbaumes gelegt.

Er schaute zum Ahornbaum hoch und rief mit lauter Igelstimme: „Hallo! Hallo! Hallo, Ahornbaum! Hast du etwas dagegen, wenn ich mir zwischen deinen Wurzeln und unter deinen Blättern eine Wohnung mache?"
„Aber nein!" antwortete der Ahornbaum. „Ich freue mich, daß du da bist! Nur zu, bleibe bei mir! Baue dir eine Höhle! Ich freue mich darauf!"

Mit Wollfäden oder Ähnlichem gestalten wir ein Nest für den Igel.

Auch der Nußbaum auf der anderen Seite freute sich, als er sah, daß bei seinem Freund, dem Ahornbaum, ein Igel wohnte. Er freute sich, obwohl der Igel nicht wie der Vogel singen konnte, keine spannenden Geschichten wie die Eule erzählte und nicht Springen und Turnen konnte wie das Eichhörnchen. Er freute sich einfach mit seinem Freund!
Und weil sie sich beide über den Igel freuten, kamen sie sich viel, viel näher. Natürlich blieben sie an ihrem Platz stehen, sie waren ja fest verwurzelt. Ich meine, sie gingen in ihren Herzen wieder ein ganz großes Stück aufeinander zu. Beide Bäume wurden wirklich richtige Freunde!

Als Ausdruck des Sich-näher-Kommens verbinden wir, wie bereits früher, die Bäume durch weitere zwei gelbe Tücher und entsprechende Freundschaftszeichen. Der Weg ist fertig.

<u>LIED: Du, ich freue mich</u>

5. TEIL – SCHLUSS

Die Zeit ging ins Land. Die Bäume waren durch die Tiere dicke Freunde geworden. Die Tiere hatten das geschafft: Der Vogel und das Eichhörnchen auf dem Nußbaum und die Eule und der Igel beim Ahornbaum. Alle verband ein enges Freundschaftsband. Sie freuten sich, daß sie sich oft sehen und miteinander reden konnten.
Beide Bäume kannten die Tiere. Sie kannten aber noch viel mehr: Sie kannten den Tag und die Nacht, den Frühling, den Sommer, den Herbst und den Winter. Sie kannten den Wind und die Sonne, den Regen und den Regenbogen und noch viele, viele andere Dinge.
Nur etwas kannten sie noch nicht. Es war der dicke graue Nebel. Natürlich hatten sie schon nebeliges Wetter erlebt: wenn die Luft trüber wurde und grau. Aber den dicken grauen Nebel, der alles verschluckte, den kannten sie noch nicht.

Hast du schon mal diesen dicken grauen Nebel gesehen? Bist du schon mal im Nebelgrau gestanden? Weißt du, das kann ganz schön unheimlich sein: Du siehst kaum die eigene Hand vor den Augen und hörst nicht mehr viel, weil der Nebel jedes Geräusch verschluckt.

Zwischen zwei Kindern, die sich anschauen, wird zunächst ein weißes Seidentuch gehalten, dann zwei und dann immer mehr, bis alles im „Nebelgrau“ verschwindet. Wir halten uns auch die Ohren fest zu und rufen laut: Der Nebel verschluckt alle Worte.

Ein Dichter hat einmal über diesen dicken grauen Nebel geschrieben:

„Seltsam, im Nebel zu wandern –
Einsam ist jeder Busch und Stein,
Kein Baum sieht den andern,
Jeder ist allein.

Voll von Freunden war mir die Welt,
Als mein Leben noch licht war;
Jetzt – da der Nebel fällt,
Ist keiner mehr sichtbar.

(Hermann Hesse)

Die Eule wird aus der Baumkrone genommen.

Es geschah am frühen Morgen. Beide Bäume riefen sich gerade „Guten Morgen!“ zu

reihum sagen wir uns „Guten Morgen!“

als vom Fluß her etwas Graues über den Boden kroch.

Einige Kinder bekommen weiße oder graue Seiden- bzw. Rhythmiktücher und spielen das langsame Aufwallen des dicken grauen Nebels ...

Es war der dicke graue Nebel, der da über den Boden kroch. Immer weiter, immer weiter. Schon waren die ersten dünnen grauen Nebelfinger am Stamm des Nußbaums angekommen.
„Hallo, Ahornbaum!“ rief der Nußbaum. „Schau mal, was da auf uns zukommt!“
„Was ist denn das?“ piepste der Vogel ängstlich.
„Hm, sieht komisch aus“, sagte der Ahornbaum.
„Frag' doch mal die Eule!“ rief der Nußbaum herüber.
Doch die kluge Eule war heute Morgen noch nicht nach Hause gekommen. Sie hätte ihren Freunden vielleicht sagen können, was da herumkriecht. Und sie hätte ihren Freunden vielleicht auch sagen können, daß sie davor keine Angst haben müssen.

Der Nebel wurde immer dicker und dicker. Zuerst bedeckte er nur den Boden ringsum. Dann wurde er immer größer. Er wurde dicker und dicker und größer und größer.

T. u. M.: T. Brunnhuber

Die Tücher werden um oder zwischen den Bäumen abgelegt.

Bald hatte der dicke graue Nebel alles eingehüllt, auch die Bäume. Es war richtig unheimlich: Man konnte nichts mehr sehen und kein Geräusch mehr hören.

„Hoffentlich hat der dicke graue Nebel meinen Freund, den Ahornbaum, nicht verschluckt!“ sagte der Nußbaum.
„Hoffentlich hat der dicke graue Nebel meinen Freund, den Nußbaum, nicht verschluckt!“ sagte der Ahornbaum.

Der Nußbaum und seine Tiere wußten nicht weiter.
Der Vogel zitterte am ganzen Körper, als ihn der Nußbaum fragte, ob er einmal losfliegen könnte, um im Nebel nach seinem Freund zu suchen. Und als er es doch wagte, kehrte er gleich wieder um, weil der Nebel so dick war. Auch das Eichhörnchen konnte nicht weiterhelfen. „Es hat keinen Zweck“, sagte es. „Ich finde ja nicht einmal die Nüsse wieder, die ich selbst versteckt habe. Nein, nein! Ich würde mich sicher verlaufen!“
So wurde der Nußbaum sehr, sehr traurig. Ohne seinem Freund, dem Ahornbaum, war die Welt so grau.
Und der Nebel wollte und wollte nicht verschwinden ...

Der Nußbaum wußte nicht einmal mehr, wieviel Zeit vergangen war. Doch plötzlich hörte er etwas. Es war ..., ja, es war ein ganz leises Schnüffeln, unten am Stamm.

T. u. M.: T. Brunnhuber

Der Nußbaum hörte eine ganz dünne Stimme, die rief: „Nußbaum, hallo, Nußbaum!"
Kannst du dir denken, wer das war? – Es war der Igel seines Freundes.

„Igel" zum Nußbaum „schnüffeln" lassen und dorthin legen.

„Mensch, Igel, bin ich froh!" rief der Nußbaum. „Wo ist mein Freund, der Ahornbaum? Hat ihn der Nebel verschluckt?"
„Nein, nein!" rief der Igel laut. „Er steht immer noch dort drüben. Und er hat mir schöne Grüße angeschafft, falls ich dich finde."

Na, was sagt ihr dazu? Der Igel, der nicht schöne Lieder singen, nicht spannende Geschichten erzählen und nicht toll turnen kann, war der Held. Er hat mit seiner Schnüffelnase den Boden abgeschnüffelt und den Weg gefunden. Trotz des dicken grauen Nebels.
Ja, es ist gut, daß ein jeder das macht, was er kann:
Wer gut singen kann, der soll singen.
Wer gut erzählen kann, soll erzählen.
Wer gut turnen und springen kann, der macht das.
Und wer ein gutes Näschen (einen guten Riecher) hat, der findet, gerade wenn es darauf ankommt, den richtigen Weg.
Jeder ist wichtig, ganz egal was er kann.

Sicherlich wollt ihr noch wissen, wie die Geschichte ausgegangen ist!?!

Der Igel schnüffelte wieder zurück. Er hatte den Weg zurück zum Ahornbaum noch gut in seiner Nase.
Du kannst dir vorstellen, wie sich der Ahornbaum freute, daß sein Freund nicht vom dicken grauen Nebel verschluckt wurde.
Jetzt mochte der Nebel so lange bleiben, wie er wollte: Beide wußten, daß der Freund da war.

Nach einiger Zeit fing es zu regnen an. Es regnete und regnete und regnete.

Reihum „prasseln" wir mit unseren Fingern auf das Holz des Stuhles!

Und als es zu regnen aufgehört hatte, da konnte man wieder die Sonne sehen, die die letzten Nebelreste verschwinden ließ – Und auch die beiden Freunde sahen sich wieder! Hei, war das eine Freude und ein Fest!

Die Nebeltücher werden wieder entfernt.

Auch die Eule kam angeflogen.

„Eule" wieder in die Baumkrone legen.

Und nun war sie es, die am Abend gespannt der schönsten Nebelgeschichte lauschte, die sie je gehört hatte.
Aus den Bäumen aber erklang, wenn es dunkel wurde und der Nachtwind durch ihre Blätter strich, ein wunderschönes Lied.

T. u. M.: T. Brunnhuber

RPA-Verlag
religionspädagogische Arbeitshilfen GmbH
Gaußstraße 8, D-84030 Landshut
Tel. (0871) 73237 · Telefax (0871) 73996

ISBN 3-86141-122-9